# TRANZLATY

## La Langue est pour tout le Monde

### Jezik je za vse

# Le Manifeste Communiste

# Komunistični Manifest

## Karl Marx
## &
## Friedrich Engels

Français / Slovenščina

Copyright © 2025 Tranzlaty
All rights reserved.
Published by Tranzlaty
ISBN: 978-1-80572-377-6
**Original text by Karl Marx and Friedrich Engels**
The Communist Manifesto
First published in 1848
**www.tranzlaty.com**

# Introduction
## Uvod

**Un spectre hante l'Europe : le spectre du communisme**
Evropo preganja duh – duh komunizma
**Toutes les puissances de la vieille Europe ont conclu une sainte alliance pour exorciser ce spectre**
Vse sile stare Evrope so sklenile sveto zavezništvo, da bi izgnale ta duh
**Le pape et le tsar, Metternich et Guizot, les radicaux français et les espions de la police allemande**
Papež in car, Metternich in Guizot, francoski radikalci in nemški policijski vohuni
**Où est le parti dans l'opposition qui n'a pas été décrié comme communiste par ses adversaires au pouvoir ?**
Kje je stranka v opoziciji, ki je nasprotniki na oblasti niso obsodili kot komunistično
**Où est l'opposition qui n'a pas rejeté le reproche de marque du communisme contre les partis d'opposition les plus avancés ?**
Kje je opozicija, ki ni vrgla nazaj očitka komunizma proti naprednejšim opozicijskim strankam?
**Et où est le parti qui n'a pas porté l'accusation contre ses adversaires réactionnaires ?**
In kje je stranka, ki ni obtožila svojih reakcionarnih nasprotnikov?
**Deux choses résultent de ce fait**
Iz tega dejstva izhajata dve stvari
**I. Le communisme est déjà reconnu par toutes les puissances européennes comme étant lui-même une puissance**
I. Vse evropske sile že priznavajo, da je komunizem sila
**II. Il est grand temps que les communistes publient ouvertement, à la face du monde entier, leurs vues, leurs buts et leurs tendances**
II. Skrajni čas je, da komunisti odkrito in pred vsem svetom objavijo svoja stališča, cilje in težnje

ils doivent répondre à ce conte enfantin du spectre du
communisme par un manifeste du parti lui-même
s to otroško zgodbo o duhu komunizma se morajo soočiti z
manifestom same stranke
À cette fin, des communistes de diverses nationalités se sont
réunis à Londres et ont esquissé le manifeste suivant
V ta namen so se v Londonu zbrali komunisti različnih
narodnosti in skicirali naslednji manifest
ce manifeste sera publié en anglais, français, allemand,
italien, flamand et danois
ta manifest bo objavljen v angleškem, francoskem, nemškem,
italijanskem, flamskem in danskem jeziku
Et maintenant, il doit être publié dans toutes les langues
proposées par Tranzlaty
In zdaj bo objavljen v vseh jezikih, ki jih ponuja Tranzlaty

## Les bourgeois et les prolétaires
### Buržoazija in proletarci

**L'histoire de toutes les sociétés qui ont existé jusqu'à présent est l'histoire des luttes de classes**

Zgodovina vseh doslej obstoječih družb je zgodovina razrednih bojev

**Homme libre et esclave, patricien et plébéien, seigneur et serf, maître de guilde et compagnon**

Svobodnjak in suženj, patricij in plebejec, gospodar in tlačan, cehovski gospodar in popotnik

**en un mot, oppresseur et opprimé**

z eno besedo, zatiralec in zatirani

**Ces classes sociales étaient en opposition constante les unes avec les autres**

ti družbeni razredi so si nenehno nasprotovali

**Ils se sont battus sans interruption. Maintenant caché, maintenant ouvert**

nadaljevali so neprekinjen boj. Zdaj skrito, zdaj odprto

**un combat qui s'est terminé par une reconstitution révolutionnaire de la société dans son ensemble**

boj, ki se je končal z revolucionarno obnovo družbe na splošno

**ou un combat qui s'est terminé par la ruine commune des classes en lutte**

ali boj, ki se je končal s skupnim propadom nasprotujočih si razredov

**Jetons un coup d'œil aux époques antérieures de l'histoire**

Oglejmo se nazaj v zgodnejša obdobja zgodovine

**Nous trouvons presque partout un arrangement compliqué de la société en divers ordres**

skoraj povsod najdemo zapleteno ureditev družbe v različne rede

**Il y a toujours eu une gradation multiple du rang social**

vedno je obstajala mnogovrstna stopnjevanje družbenega položaja

**Dans la Rome antique, nous avons des patriciens, des chevaliers, des plébéiens, des esclaves**

V starem Rimu imamo patricije, viteze, plebejce, sužnje

**au Moyen Âge : seigneurs féodaux, vassaux, maîtres de corporation, compagnons, apprentis, serfs**

v srednjem veku: fevdalci, vazali, cehovski mojstri, popotniki, vajenci, tlačani

**Dans presque toutes ces classes, encore une fois, les gradations subordonnées**

v skoraj vseh teh razredih, spet, podrejene stopnje

**La société bourgeoise moderne est née des ruines de la société féodale**

Sodobna buržoazna družba je zrasla iz ruševin fevdalne družbe

**Mais ce nouvel ordre social n'a pas fait disparaître les antagonismes de classe**

Toda ta novi družbeni red ni odpravil razrednih nasprotij

**Elle n'a fait qu'établir de nouvelles classes et de nouvelles conditions d'oppression**

Vzpostavila je le nove razrede in nove pogoje zatiranja

**Il a mis en place de nouvelles formes de lutte à la place des anciennes**

namesto starih je vzpostavila nove oblike boja

**Cependant, l'époque dans laquelle nous nous trouvons possède un trait distinctif**

Vendar pa ima obdobje, v katerem se nahajamo, eno značilnost

**l'époque de la bourgeoisie a simplifié les antagonismes de classe**

epoha buržoazije je poenostavila razredne antagonizme

**La société dans son ensemble se divise de plus en plus en deux grands camps hostiles**

Družba kot celota se vse bolj deli na dva velika sovražna tabora

**deux grandes classes sociales qui se font directement face : la bourgeoisie et le prolétariat**

dva velika družbena razreda, ki sta neposredno nasprotna
drug drugemu: buržoazija in proletariat
**Des serfs du Moyen Âge sont sortis les bourgeois agréés des
premières villes**
Iz sužnjev srednjega veka so zrasli pooblaščeni meščani
najzgodnejših mest
**C'est à partir de ces bourgeois que se sont développés les
premiers éléments de la bourgeoisie**
Iz teh meščanov so se razvili prvi elementi buržoazije
**La découverte de l'Amérique et le contournement du Cap**
Odkritje Amerike in zaokrožitev rta
**ces événements ont ouvert un nouveau terrain à la
bourgeoisie montante**
ti dogodki so odprli novo podlago za naraščajočo buržoazijo
**Les marchés des Indes orientales et de la Chine, la
colonisation de l'Amérique, le commerce avec les colonies**
Vzhodnoindijski in kitajski trgi, kolonizacija Amerike,
trgovina s kolonijami
**l'augmentation des moyens d'échange et des marchandises
en général**
povečanje menjalnih sredstev in blaga na splošno
**Ces événements donnèrent au commerce, à la navigation et à
l'industrie une impulsion jamais connue jusque-là**
Ti dogodki so trgovini, navigaciji in industriji dali impulz, ki
ga prej nismo poznali
**Elle a donné un développement rapide à l'élément
révolutionnaire dans la société féodale chancelante**
Omogočila je hiter razvoj revolucionarnega elementa v
nestabilni fevdalni družbi
**Les guildes fermées avaient monopolisé le système féodal de
la production industrielle**
zaprti cehi so monopolizirali fevdalni sistem industrijske
proizvodnje
**Mais cela ne suffisait plus aux besoins croissants des
nouveaux marchés**

vendar to ni več zadostovalo za naraščajoče potrebe novih trgov

**Le système manufacturier a pris la place du système féodal de l'industrie**

Proizvodni sistem je nadomestil fevdalni sistem industrije

**Les maîtres de guilde étaient poussés d'un côté par la classe moyenne manufacturière**

Cehovske mojstre je na eno stran potisnil proizvodni srednji razred

**La division du travail entre les différentes corporations a disparu**

delitev dela med različnimi korporativnimi cehi je izginila

**La division du travail s'infiltrait dans chaque atelier**

delitev dela je prodrla v vsako posamezno delavnico

**Pendant ce temps, les marchés ne cessaient de croître et la demande ne cessait d'augmenter**

Medtem so trgi nenehno rasli, povpraševanje pa je vedno naraščalo

**Même les usines ne suffisaient plus à répondre à la demande**

Tudi tovarne niso več zadostovale za izpolnjevanje zahtev

**À partir de là, la vapeur et les machines ont révolutionné la production industrielle**

Nato so para in stroji revolucionirali industrijsko proizvodnjo

**La place de fabrication a été prise par le géant de l'industrie moderne**

Mesto proizvodnje je prevzela velikan, sodobna industrija

**La place de la classe moyenne industrielle a été prise par des millionnaires industriels**

mesto industrijskega srednjega razreda so prevzeli industrijski milijonarji

**la place de chefs d'armées industrielles entières ont été prises par la bourgeoisie moderne**

mesto voditeljev celotnih industrijskih vojsk je prevzela sodobna buržoazija

**la découverte de l'Amérique a ouvert la voie à l'industrie
moderne pour établir le marché mondial**
odkritje Amerike je utrlo pot sodobni industriji, da vzpostavi
svetovni trg
**Ce marché donna un immense développement au commerce,
à la navigation et aux communications par terre**
Ta trg je omogočil ogromen razvoj trgovine, plovbe in
komunikacije po kopnem
**Cette évolution a, en son temps, réagi à l'extension de
l'industrie**
Ta razvoj se je v svojem času odzval na širitev industrije
**elle a réagi proportionnellement à l'expansion de l'industrie
et à l'extension du commerce, de la navigation et des
chemins de fer**
odzval se je sorazmerno s tem, kako se je industrija razširila in
kako so se trgovina, plovba in železnice razširile
**dans la même proportion que la bourgeoisie s'est
développée, elle a augmenté son capital**
v enakem razmerju, v katerem se je razvila buržoazija, so
povečali svoj kapital
**et la bourgeoisie a relégué à l'arrière-plan toutes les classes
héritées du Moyen Âge**
in buržoazija je potisnila v ozadje vsak razred, ki se je izrekel
iz srednjega veka
**c'est pourquoi la bourgeoisie moderne est elle-même le
produit d'un long développement**
zato je sodobna buržoazija sama produkt dolgega razvoja
**On voit qu'il s'agit d'une série de révolutions dans les
modes de production et d'échange**
Vidimo, da gre za vrsto revolucij v načinih proizvodnje in
izmenjave
**Chaque étape du développement de la bourgeoisie
s'accompagnait d'une avancée politique correspondante**
Vsak razvojni korak buržoazije je spremljal ustrezen politični
napredek
**Une classe opprimée sous l'emprise de la noblesse féodale**

Zatirani razred pod vplivom fevdalnega plemstva
**Une association armée et autonome dans la commune médiévale**
oboroženo in samoupravno združenje v srednjeveški komuni
**ici, une république urbaine indépendante (comme en Italie et en Allemagne)**
tukaj neodvisna mestna republika (kot v Italiji in Nemčiji)
**là, un « tiers état » imposable de la monarchie (comme en France)**
tam obdavčljiva "tretja lastnost" monarhije (kot v Franciji)
**par la suite, dans la période de fabrication proprement dite**
pozneje, v obdobju lastne proizvodnje
**la bourgeoisie servait soit la monarchie semi-féodale, soit la monarchie absolue**
buržoazija je služila bodisi polfevdalni ali absolutni monarhiji
**ou bien la bourgeoisie faisait contrepoids à la noblesse**
ali pa je buržoazija delovala kot protiutež plemstvu
**et, en fait, la bourgeoisie était une pierre angulaire des grandes monarchies en général**
in dejansko je bila buržoazija temeljni kamen velikih monarhij na splošno
**mais l'industrie moderne et le marché mondial se sont établis depuis lors**
toda sodobna industrija in svetovni trg sta se od takrat uveljavila
**et la bourgeoisie s'est emparée de l'emprise politique exclusive**
in buržoazija si je osvojila izključno politično oblast
**elle a obtenu cette influence politique à travers l'État représentatif moderne**
ta politični vpliv je dosegla prek sodobne predstavniške države
**Les exécutifs de l'État moderne ne sont qu'un comité de gestion**
Izvršilni organi sodobne države so le upravni odbor
**et ils gèrent les affaires communes de toute la bourgeoisie**

in upravljajo skupne zadeve celotne buržoazije

**La bourgeoisie, historiquement, a joué un rôle des plus révolutionnaires**

Buržoazija je zgodovinsko gledano igrala najbolj revolucionarno vlogo

**Partout où elle a pris le dessus, elle a mis fin à toutes les relations féodales, patriarcales et idylliques**

Kjerkoli je dobila prevlado, je končala vse fevdalne, patriarhalne in idilične odnose

**Elle a impitoyablement déchiré les liens féodaux hétéroclites qui liaient l'homme à ses « supérieurs naturels »**

Neusmiljeno je raztrgala pestre fevdalne vezi, ki so človeka povezovale z njegovimi »naravnimi nadrejenimi«

**et il n'y a plus de lien entre l'homme et l'homme, si ce n'est l'intérêt personnel**

in ni ostala nobena povezava med človekom in človekom, razen golega lastnega interesa

**Les relations de l'homme entre eux ne sont plus qu'un « paiement en espèces » impitoyable**

Človeški odnosi med seboj niso postali nič drugega kot brezobzirno »gotovinsko plačilo«

**Elle a noyé les extases les plus célestes de la ferveur religieuse**

Utopila je najbolj nebeške ekstaze verske gorečnosti

**elle a noyé l'enthousiasme chevaleresque et le sentimentalisme philistin**

utopil je viteško navdušenje in meščanski sentimentalizem

**Il a noyé ces choses dans l'eau glacée du calcul égoïste**

Te stvari je utopil v ledeni vodi egoistične preračunljivosti

**Il a transformé la valeur personnelle en valeur échangeable**

Osebno vrednost je spremenila v zamenljivo vrednost

**elle a remplacé les innombrables et inaliénables libertés garanties par la Charte**

nadomestila je nešteto in neodtujljivih svoboščin

**et il a mis en place une liberté unique et inadmissible ; Libre-échange**

in vzpostavila je enotno, nevestno svobodo; Prosta trgovina
**En un mot, il l'a fait pour l'exploitation**
Z eno besedo, to je storila za izkoriščanje
**Une exploitation voilée par des illusions religieuses et politiques**
izkoriščanje, zakrito z verskimi in političnimi iluzijami
**l'exploitation voilée par une exploitation nue, éhontée, directe, brutale**
izkoriščanje, zastrto z golim, nesramnim, neposrednim, brutalnim izkoriščanjem
**la bourgeoisie a enlevé l'auréole de toutes les occupations jusque-là honorées et vénérées**
buržoazija je odstranila oreol z vsakega prej častnega in spoštovanega poklica
**le médecin, l'avocat, le prêtre, le poète et l'homme de science**
zdravnik, odvetnik, duhovnik, pesnik in človek znanosti
**Il a converti ces travailleurs distingués en ses travailleurs salariés**
te ugledne delavce je spremenila v plačane mezdne delavce
**La bourgeoisie a déchiré le voile sentimental de la famille**
Buržoazija je odtrgala sentimentalno tančico od družine
**et elle a réduit la relation familiale à une simple relation d'argent**
in družinsko razmerje je zmanjšalo na zgolj denarno razmerje
**la brutale démonstration de vigueur au Moyen Âge que les réactionnaires admirent tant**
brutalni prikaz moči v srednjem veku, ki ga reakcionisti tako občudujejo
**Même cela a trouvé son complément approprié dans l'indolence la plus paresseuse**
Tudi to je našlo svoje primerno dopolnilo v najbolj lenobni lenobnosti
**La bourgeoisie a révélé comment tout cela s'est passé**
Buržoazija je razkrila, kako se je vse to zgodilo
**La bourgeoisie a été la première à montrer ce que l'activité de l'homme peut produire**

Buržoazija je bila prva, ki je pokazala, kaj lahko prinese človeška dejavnost

**Il a accompli des merveilles surpassant de loin les pyramides égyptiennes, les aqueducs romains et les cathédrales gothiques**

Dosegel je čudeže, ki daleč presegajo egipčanske piramide, rimske akvadukte in gotske stolnice

**et il a mené des expéditions qui ont mis dans l'ombre tous les anciens Exodes des nations et les croisades**

in izvajala je odprave, ki so zasenčile vse prejšnje eksoduse narodov in križarske vojne

**La bourgeoisie ne peut exister sans révolutionner sans cesse les instruments de production**

Buržoazija ne more obstajati, ne da bi nenehno revolucionirala proizvodne instrumente

**et par conséquent elle ne peut exister sans ses rapports à la production**

in zato ne more obstajati brez svojih odnosov do proizvodnje

**et donc elle ne peut exister sans ses relations avec la société**

in zato ne more obstajati brez svojih odnosov do družbe

**Toutes les classes industrielles antérieures avaient une condition en commun**

Vsi prejšnji industrijski razredi so imeli en skupni pogoj

**Ils s'appuyaient sur la conservation des anciens modes de production**

zanašali so se na ohranjanje starih načinov proizvodnje

**mais la bourgeoisie a apporté avec elle une dynamique tout à fait nouvelle**

vendar je buržoazija s seboj prinesla popolnoma novo dinamiko

**Révolution constante de la production et perturbation ininterrompue de toutes les conditions sociales**

Nenehno revolucioniranje proizvodnje in neprekinjeno motenje vseh družbenih razmer

**cette incertitude et cette agitation perpétuelles distinguent l'époque bourgeoise de toutes les époques antérieures**

ta večna negotovost in vznemirjenost ločuje buržoazno
obdobje od vseh prejšnjih

**Les relations antérieures avec la production
s'accompagnaient de préjugés et d'opinions anciens et
vénérables**

prejšnji odnosi s proizvodnjo so prišli s starodavnimi in
častitljivimi predsodki in mnenji

**Mais toutes ces relations figées et figées sont balayées d'un
revers de main**

Toda vsi ti fiksni, hitro zamrznjeni odnosi so odstranjeni

**Toutes les relations nouvellement formées deviennent
archaïques avant de pouvoir s'ossifier**

Vsi novonastali odnosi postanejo zastareli, preden lahko
okostenejo

**Tout ce qui est solide se fond dans l'air, et tout ce qui est
saint est profané**

Vse, kar je trdno, se stopi v zrak in vse, kar je sveto, je
oskrunjeno

**L'homme est enfin forcé de faire face, avec des sens sobres, à
ses conditions réelles de vie**

človek je končno prisiljen soočiti se s svojimi resničnimi
življenjskimi pogoji s treznimi čuti

**et il est obligé de faire face à ses relations avec les siens**

in prisiljen je soočiti se s svojimi odnosi s svojo vrsto

**La bourgeoisie a constamment besoin d'élargir ses marchés
pour ses produits**

Buržoazija mora nenehno širiti svoje trge za svoje izdelke

**et, à cause de cela, la bourgeoisie est poursuivie sur toute la
surface du globe**

in zaradi tega buržoazijo preganjajo po celotni površini sveta

**La bourgeoisie doit se nicher partout, s'installer partout,
établir des liens partout**

Buržoazija se mora povsod ugnezditi, povsod naseliti, povsod
vzpostaviti povezave

**La bourgeoisie doit créer des marchés dans tous les coins du
monde pour exploiter**

Buržoazija mora ustvariti trge v vsakem kotičku sveta, ki ga
bo lahko izkoriščala

**La production et la consommation dans tous les pays ont
reçu un caractère cosmopolite**

proizvodnja in poraba v vsaki državi sta dobili svetovljanski
značaj

**le chagrin des réactionnaires est palpable, mais il s'est
poursuivi malgré tout**

žalost reakcionistov je otipljiva, vendar se je kljub temu
nadaljevala

**La bourgeoisie a tiré de dessous les pieds de l'industrie le
terrain national sur lequel elle se trouvait**

Buržoazija je izpod nog industrije potegnila nacionalno
podlago, na kateri je stala

**Toutes les anciennes industries nationales ont été détruites,
ou sont détruites chaque jour**

Vse stare nacionalne industrije so bile uničene ali pa se
uničujejo vsak dan

**Toutes les anciennes industries nationales sont délogées par
de nouvelles industries**

vse stare nacionalne industrije so izrinjene z novimi
industrijami

**Leur introduction devient une question de vie ou de mort
pour toutes les nations civilisées**

njihova uvedba postane vprašanje življenja in smrti za vse
civilizirane narode

**Ils sont délogés par les industries qui ne travaillent plus la
matière première indigène**

izrinjajo jih industrije, ki ne obdelujejo več domačih surovin

**Au lieu de cela, ces industries extraient des matières
premières des zones les plus reculées**

namesto tega te industrije črpajo surovine iz najbolj oddaljenih
območij

**dont les produits sont consommés, non seulement chez
nous, mais dans tous les coins du monde**

industrije, katerih izdelki se porabijo, ne samo doma, ampak v vseh delih sveta

**À la place des anciens besoins, satisfaits par les productions du pays, nous trouvons de nouveaux besoins**

Namesto starih potreb, zadovoljenih s proizvodnjo države, najdemo nove želje

**Ces nouveaux besoins exigent pour leur satisfaction les produits des pays et des climats lointains**

Te nove potrebe za svoje zadovoljevanje zahtevajo izdelke oddaljenih dežel in podnebja

**À la place de l'ancien isolement et de l'autosuffisance locaux et nationaux, nous avons le commerce**

Namesto stare lokalne in nacionalne osamljenosti in samozadostnosti imamo trgovino

**les échanges internationaux dans toutes les directions ; l'interdépendance universelle des nations**

mednarodna izmenjava v vseh smereh; univerzalna soodvisnost narodov

**Et de même que nous sommes dépendants des matériaux, nous sommes dépendants de la production intellectuelle**

in tako kot smo odvisni od materialov, smo odvisni od intelektualne proizvodnje

**Les créations intellectuelles des nations individuelles deviennent la propriété commune**

Intelektualne stvaritve posameznih narodov postanejo skupna lastnina

**L'unilatéralité nationale et l'étroitesse d'esprit deviennent de plus en plus impossibles**

Nacionalna enostranskost in ozkoglednost postajata vse bolj nemogoča

**et des nombreuses littératures nationales et locales, surgit une littérature mondiale**

in iz številnih nacionalnih in lokalnih literatur izhaja svetovna literatura

**par l'amélioration rapide de tous les instruments de production**

s hitrim izboljšanjem vseh proizvodnih instrumentov
**par les moyens de communication immensément facilités**
z izjemno olajšanimi komunikacijskimi sredstvi
**La bourgeoisie entraîne tout le monde (même les nations les
plus barbares) dans la civilisation**
Buržoazija v civilizacijo pritegne vse (tudi najbolj barbarske
narode)
**Les prix bon marché de ses marchandises ; l'artillerie lourde
qui abat toutes les murailles chinoises**
Nizke cene njenega blaga; težko topništvo, ki ruši vse kitajske
zidove
**La haine obstinée des barbares contre les étrangers est forcée
de capituler**
Močno trmasto sovraštvo barbarov do tujcev je prisiljeno
kapitulirati
**Elle oblige toutes les nations, sous peine d'extinction, à
adopter le mode de production bourgeois**
Prisili vse narode, da pod grožnjo izumrtja sprejmejo
buržoazijski način proizvodnje
**elle les oblige à introduire ce qu'elle appelle la civilisation
en leur sein**
prisili jih, da v svojo sredino uvedejo tisto, kar imenuje
civilizacija
**La bourgeoisie force les barbares à devenir eux-mêmes
bourgeois**
Buržoazija prisili barbare, da sami postanejo buržoazija
**en un mot, la bourgeoisie crée un monde à son image**
z eno besedo, buržoazija ustvarja svet po svoji podobi
**La bourgeoisie a soumis les campagnes à la domination des
villes**
Buržoazija je podeželje podredila vladavini mest
**Il a créé d'énormes villes et considérablement augmenté la
population urbaine**
Ustvaril je ogromna mesta in močno povečal mestno
prebivalstvo

**Il a sauvé une partie considérable de la population de l'idiotie de la vie rurale**
rešila je precejšen del prebivalstva pred idiotizmom podeželskega življenja
**mais elle a rendu les ruraux dépendants des villes**
vendar so tisti na podeželju postali odvisni od mest
**et de même, elle a rendu les pays barbares dépendants des pays civilisés**
prav tako so barbarske države postale odvisne od civiliziranih
**nations paysannes sur nations bourgeoises, l'Orient sur Occident**
narodi kmetov na narodih buržoazije, vzhod na zahodu
**La bourgeoisie se débarrasse de plus en plus de l'éparpillement de la population**
Buržoazija vse bolj odpravlja razpršeno stanje prebivalstva
**Il a une production agglomérée et a concentré la propriété entre quelques mains**
Ima aglomerirano proizvodnjo in koncentrirano lastnino v nekaj rokah
**La conséquence nécessaire de cela a été la centralisation politique**
Nujna posledica tega je bila politična centralizacija
**Il y avait eu des nations indépendantes et des provinces vaguement reliées entre elles**
obstajali so neodvisni narodi in ohlapno povezane province
**Ils avaient des intérêts, des lois, des gouvernements et des systèmes d'imposition distincts**
imeli so ločene interese, zakone, vlade in davčne sisteme
**Mais ils ont été regroupés en une seule nation, avec un seul gouvernement**
vendar so postali združeni v en narod, z eno vlado
**Ils ont maintenant un intérêt de classe national, une frontière et un tarif douanier**
zdaj imajo en nacionalni razredni interes, eno mejo in eno carinsko tarifo

**Et cet intérêt de classe national est unifié sous un seul code de loi**
in ta nacionalni razredni interes je združen v enem samem pravnem zakoniku
**la bourgeoisie a accompli beaucoup de choses au cours de son règne d'à peine cent ans**
buržoazija je dosegla veliko v svoji vladavini, ki je trajala komaj sto let
**forces productives plus massives et plus colossales que toutes les générations précédentes réunies**
bolj masivne in ogromne proizvodne sile kot vse prejšnje generacije skupaj
**Les forces de la nature sont soumises à la volonté de l'homme et de ses machines**
Naravne sile so podrejene volji človeka in njegovih strojev
**La chimie s'applique à toutes les formes d'industrie et à tous les types d'agriculture**
Kemija se uporablja v vseh oblikah industrije in vrstah kmetijstva
**la navigation à vapeur, les chemins de fer, les télégraphes électriques et l'imprimerie**
parna plovba, železnice, električni telegrafi in tiskarski stroj
**défrichement de continents entiers pour la culture, canalisation des rivières**
čiščenje celih celin za pridelavo, kanalizacija rek
**Des populations entières ont été extirpées du sol et mises au travail**
Cele populacije so bile pričarane iz tal in dane na delo
**Quel siècle précédent avait ne serait-ce qu'un pressentiment de ce qui pourrait être déchaîné ?**
Katero prejšnje stoletje je imelo celo slutnjo o tem, kaj bi se lahko sprožilo?
**Qui aurait prédit que de telles forces productives sommeillaient dans le giron du travail social ?**
Kdo je napovedal, da bodo takšne proizvodne sile dremale v naročju družbenega dela?

**Nous voyons donc que les moyens de production et d'échange ont été générés dans la société féodale**

Vidimo, da so proizvodna in menjalna sredstva nastala v fevdalni družbi

**les moyens de production sur la base desquels la bourgeoisie s'est construite**

proizvodna sredstva, na katerih temeljih se je gradila buržoazija

**À un certain stade du développement de ces moyens de production et d'échange**

Na določeni stopnji razvoja teh proizvodnih in menjalnih sredstev

**les conditions dans lesquelles la société féodale produisait et échangeait**

pogoje, pod katerimi je fevdalna družba proizvajala in izmenjevala

**L'organisation féodale de l'agriculture et de l'industrie manufacturière**

Fevdalna organizacija kmetijstva in predelovalne industrije

**Les rapports féodaux de propriété n'étaient plus compatibles avec les conditions matérielles**

fevdalna lastninska razmerja niso bila več združljiva z materialnimi razmerami

**Ils devaient être brisés, alors ils ont été brisés**

Morali so jih razbiti, zato so jih razpadli

**À leur place s'est ajoutée la libre concurrence des forces productives**

Na njihovo mesto je stopila svobodna konkurenca proizvodnih sil

**et ils étaient accompagnés d'une constitution sociale et politique adaptée à celle-ci**

spremljala jih je družbena in politična ustava, ki je bila prilagojena temu

**et elle s'accompagnait de l'emprise économique et politique de la classe bourgeoise**

spremljal ga je gospodarski in politični vpliv buržoaznega razreda

**Un mouvement similaire est en train de se produire sous nos yeux**

Podobno gibanje se dogaja pred našimi očmi

**La société bourgeoise moderne avec ses rapports de production, d'échange et de propriété**

Sodobna buržoazna družba s svojimi proizvodnimi in menjalnimi razmerji

**une société qui a inventé des moyens de production et d'échange aussi gigantesques**

družbo, ki je pričarala tako velikanska proizvodna in menjalna sredstva

**C'est comme le sorcier qui a invoqué les puissances de l'au-delà**

To je kot čarovnik, ki je priklical moči podzemnega sveta

**Mais il n'est plus capable de contrôler ce qu'il a mis au monde**

vendar ni več sposoben nadzorovati tega, kar je prinesel na svet

**Pendant de nombreuses décennies, l'histoire a été liée par un fil conducteur**

Več desetletij je bila zgodovina povezana s skupno nitjo

**L'histoire de l'industrie et du commerce n'a été que l'histoire des révoltes**

zgodovina industrije in trgovine je bila le zgodovina uporov

**Les révoltes des forces productives modernes contre les conditions modernes de production**

upori sodobnih proizvodnih sil proti sodobnim proizvodnim pogojem

**Les révoltes des forces productives modernes contre les rapports de propriété**

upori sodobnih proizvodnih sil proti lastninskim razmerjem

**ces rapports de propriété sont les conditions de l'existence de la bourgeoisie**

ta lastninska razmerja so pogoj za obstoj buržoazije

**et l'existence de la bourgeoisie détermine les règles des rapports de propriété**
obstoj buržoazije pa določa pravila za lastninska razmerja
**Il suffit de mentionner le retour périodique des crises commerciales**
dovolj je omeniti občasno vračanje komercialnih kriz
**chaque crise commerciale est plus menaçante pour la société bourgeoise que la précédente**
vsaka komercialna kriza bolj ogroža buržoazno družbo kot prejšnja
**Dans ces crises, une grande partie des produits existants sont détruits**
V teh krizah je velik del obstoječih proizvodov uničen
**Mais ces crises détruisent aussi les forces productives créées précédemment**
Toda te krize uničujejo tudi prej ustvarjene proizvodne sile
**Dans toutes les époques antérieures, ces épidémies auraient semblé une absurdité**
V vseh prejšnjih obdobjih bi se te epidemije zdele absurdne
**parce que ces épidémies sont les crises commerciales de la surproduction**
ker so te epidemije komercialne krize prekomerne proizvodnje
**La société se trouve soudain remise dans un état de barbarie momentanée**
Družba se nenadoma znajde nazaj v stanju trenutnega barbarstva
**comme si une guerre universelle de dévastation avait coupé tous les moyens de subsistance**
kot da bi univerzalna opustošena vojna odrezala vsa sredstva za preživetje
**l'industrie et le commerce semblent avoir été détruits ; Et pourquoi ?**
Zdi se, da sta bila industrija in trgovina uničena; In zakaj?
**Parce qu'il y a trop de civilisation et de moyens de subsistance**
Ker je preveč civilizacije in sredstev za preživetje

**et parce qu'il y a trop d'industrie et trop de commerce**
in ker je preveč industrije in preveč trgovine
**Les forces productives à la disposition de la société ne développent plus la propriété bourgeoise**
Proizvodne sile, ki so na voljo družbi, ne razvijajo več buržoazne lastnine
**au contraire, ils sont devenus trop puissants pour ces conditions, par lesquelles ils sont enchaînés**
nasprotno, postali so preveč močni za te pogoje, zaradi katerih so omejeni
**dès qu'ils surmontent ces entraves, ils mettent le désordre dans toute la société bourgeoise**
takoj, ko premagajo te okove, vnesejo nered v celotno buržoazno družbo
**et les forces productives mettent en danger l'existence de la propriété bourgeoise**
proizvodne sile pa ogrožajo obstoj buržoazne lastnine
**Les conditions de la société bourgeoise sont trop étroites pour englober les richesses qu'elles créent**
Pogoji buržoazne družbe so preozki, da bi zajeli bogastvo, ki so ga ustvarili
**Et comment la bourgeoisie surmonte-t-elle ces crises ?**
In kako buržoazija premaga te krize?
**D'une part, elle surmonte ces crises par la destruction forcée d'une masse de forces productives**
Po eni strani te krize premaguje s prisilnim uničenjem množice proizvodnih sil
**D'autre part, elle surmonte ces crises par la conquête de nouveaux marchés**
po drugi strani pa te krize premaguje z osvajanjem novih trgov
**et elle surmonte ces crises par l'exploitation plus poussée des anciennes forces productives**
in te krize premaguje s temeljitejšim izkoriščanjem starih proizvodnih sil

**C'est-à-dire en ouvrant la voie à des crises plus étendues et plus destructrices**

To pomeni, da utirajo pot obsežnejšim in bolj uničujočim krizam

**elle surmonte la crise en diminuant les moyens de prévention des crises**

krizo premaguje z zmanjšanjem sredstev za preprečevanje kriz

**Les armes avec lesquelles la bourgeoisie a abattu le féodalisme sont maintenant retournées contre elle-même**

Orožje, s katerim je buržoazija podrla fevdalizem na tla, je zdaj obrnjeno proti sebi

**Mais non seulement la bourgeoisie a-t-elle forgé les armes qui lui apportent la mort**

Toda ne samo, da je buržoazija skovala orožje, ki sebi prinaša smrt

**Il a également appelé à l'existence les hommes qui doivent manier ces armes**

Prav tako je poklical v obstoj moške, ki naj bi nosili to orožje

**Et ces hommes sont la classe ouvrière moderne ; Ce sont les prolétaires**

in ti ljudje so sodobni delavski razred; To so proletarci

**À mesure que la bourgeoisie se développe, le prolétariat se développe dans la même proportion**

Sorazmerno z razvojem buržoazije se v enakem razmerju razvija proletariat

**La classe ouvrière moderne a développé une classe d'ouvriers**

Sodobni delavski razred je razvil razred delavcev

**Cette classe d'ouvriers ne vit que tant qu'elle trouve du travail**

Ta razred delavcev živi le tako dolgo, dokler najdejo delo

**et ils ne trouvent de travail qu'aussi longtemps que leur travail augmente le capital**

in delo najdejo le, dokler njihovo delo povečuje kapital

**Ces ouvriers, qui doivent se vendre à la pièce, sont une marchandise**

Ti delavci, ki se morajo prodajati po kosih, so blago
**Ces ouvriers sont comme tous les autres articles de**
**commerce**
Ti delavci so kot vsak drug trgovski artikel
**et, par conséquent, ils sont exposés à toutes les vicissitudes**
**de la concurrence**
in zato so izpostavljeni vsem spremenljivim spremembam
konkurence
**Ils doivent faire face à toutes les fluctuations du marché**
Prebroditi morajo vsa nihanja na trgu
**En raison de l'utilisation intensive des machines et de la**
**division du travail**
Zaradi obsežne uporabe strojev in delitve dela
**Le travail des prolétaires a perdu tout caractère individuel**
Delo proletarcev je izgubilo ves individualni značaj
**et, par conséquent, le travail des prolétaires a perdu tout**
**charme pour l'ouvrier**
in posledično je delo proletarcev izgubilo ves čar za delavca
**Il devient un appendice de la machine, plutôt que l'homme**
**qu'il était autrefois**
Postane privesek stroja, ne pa človek, ki je nekoč bil
**On n'exige de lui que l'habileté la plus simple, la plus**
**monotone et la plus facile à acquérir**
od njega se zahteva le najbolj preprosta, monotona in najlažje
pridobljena spretnost
**Par conséquent, le coût de production d'un ouvrier est limité**
Zato so stroški proizvodnje delavca omejeni
**elle se limite presque entièrement aux moyens de**
**subsistance dont il a besoin pour son entretien**
skoraj v celoti je omejena na sredstva za preživljanje, ki jih
potrebuje za svoje preživljanje
**et elle est limitée aux moyens de subsistance dont il a besoin**
**pour la propagation de sa race**
in omejena je na sredstva za preživljanje, ki jih potrebuje za
razmnoževanje svoje rase

**Mais le prix d'une marchandise, et par conséquent aussi du travail, est égal à son coût de production**

Toda cena blaga in s tem tudi dela je enaka njegovim proizvodnim stroškom

**C'est pourquoi, à mesure que le travail répugnant augmente, le salaire diminue**

Sorazmerno s povečanjem odvratnosti dela se torej plača zmanjšuje

**Bien plus, le caractère répugnant de son travail augmente à un rythme encore plus grand**

Ne, odvratnost njegovega dela narašča s še večjo hitrostjo

**À mesure que l'utilisation des machines et la division du travail augmentent, le fardeau du labeur augmente également**

Z naraščanjem uporabe strojev in delitve dela se povečuje tudi breme truda

**La charge de travail est augmentée par la prolongation du temps de travail**

breme truda se poveča s podaljšanjem delovnega časa

**On attend plus de l'ouvrier dans le même temps qu'auparavant**

od delavca se pričakuje več v istem času kot prej

**Et bien sûr, le poids du labeur est augmenté par la vitesse de la machine**

in seveda se breme truda poveča s hitrostjo strojev

**L'industrie moderne a transformé le petit atelier du maître patriarcal en la grande usine du capitaliste industriel**

Sodobna industrija je majhno delavnico patriarhalnega mojstra spremenila v veliko tovarno industrijskega kapitalista

**Des masses d'ouvriers, entassés dans l'usine, s'organisent comme des soldats**

Množice delavcev, ki so natrpane v tovarni, so organizirane kot vojaki

**En tant que simples soldats de l'armée industrielle, ils sont placés sous le commandement d'une hiérarchie parfaite d'officiers et de sergents**

Kot vojaki industrijske vojske so pod poveljstvom popolne hierarhije častnikov in narednikov

**ils ne sont pas seulement les esclaves de la classe bourgeoise et de l'État**

niso le sužnji buržoazijskega razreda in države

**Mais ils sont aussi asservis quotidiennement et d'heure en heure par la machine**

vendar so tudi vsak dan in vsako uro zasužnjeni s strojem

**ils sont asservis par le surveillant, et surtout par le fabricant bourgeois lui-même**

zasužnjeni so s strani opazovalca in predvsem s strani posameznega buržoaznega proizvajalca

**Plus ce despotisme proclame ouvertement que le gain est sa fin et son but, plus il est mesquin, plus haïssable et plus aigri**

Bolj ko odkrito ta despotizem razglaša dobiček za svoj cilj in cilj, bolj je majhen, bolj sovražen in bolj zagrenjen

**Plus l'industrie moderne se développe, moins les différences entre les sexes sont grandes**

bolj ko se razvije sodobna industrija, manjše so razlike med spoloma

**Moins le travail manuel exige d'habileté et d'effort de force, plus le travail des hommes est supplanté par celui des femmes**

Manj spretnosti in moči, ki jo vključuje ročno delo, bolj je delo moških nadomeščeno z delom žensk

**Les différences d'âge et de sexe n'ont plus de validité sociale distincte pour la classe ouvrière**

Razlike med starostjo in spolom nimajo več nobene posebne družbene veljavnosti za delavski razred

**Tous sont des instruments de travail, plus ou moins coûteux à utiliser, selon leur âge et leur sexe**

Vsi so delovna orodja, ki so bolj ali cenejši za uporabo, glede na njihovo starost in spol

**dès que l'ouvrier reçoit son salaire en espèces, il est attaqué par les autres parties de la bourgeoisie**

takoj, ko delavec prejme plačo v gotovini, ga določijo drugi
deli buržoazije
**le propriétaire, le commerçant, le prêteur sur gages, etc**
najemodajalca, trgovca, zastavljalca itd
**Les couches inférieures de la classe moyenne ; les petits
commerçants et les commerçants**
Nižji sloji srednjega razreda; mali obrtniki in trgovci
**les commerçants retraités en général, et les artisans et les
paysans**
upokojeni obrtniki na splošno ter rokodelci in kmetje
**tout cela s'enfonce peu à peu dans le prolétariat**
vse to se postopoma potopi v proletariat
**en partie parce que leur petit capital ne suffit pas à l'échelle
sur laquelle l'industrie moderne est exercée**
deloma zato, ker njihov majhen kapital ne zadostuje za obseg,
v katerem se izvaja sodobna industrija
**et parce qu'elle est submergée par la concurrence avec les
grands capitalistes**
in ker je preplavljena v konkurenci z velikimi kapitalisti
**en partie parce que leur savoir-faire spécialisé est rendu sans
valeur par les nouvelles méthodes de production**
deloma zato, ker je njihova specializirana spretnost zaradi
novih proizvodnih metod postala ničvredna
**Ainsi le prolétariat se recrute dans toutes les classes de la
population**
Tako se proletariat rekrutira iz vseh razredov prebivalstva
**Le prolétariat passe par différents stades de développement**
Proletariat gre skozi različne stopnje razvoja
**Avec sa naissance commence sa lutte contre la bourgeoisie**
Z njenim rojstvom se začne boj z buržoazijo
**Dans un premier temps, la lutte est menée par des ouvriers
individuels**
Sprva tekmovanje vodijo posamezni delavci
**Ensuite, le concours est mené par les ouvriers d'une usine**
nato tekmovanje izvajajo delavci tovarne

**Ensuite, la lutte est menée par les agents d'un métier, dans une localité**

nato tekmovanje vodijo delavci ene obrti, v enem kraju

**et la lutte est alors contre la bourgeoisie individuelle qui les exploite directement**

in tekmovanje je nato proti posamezni buržoaziji, ki jih neposredno izkorišča

**Ils ne dirigent pas leurs attaques contre les conditions de production de la bourgeoisie**

Svojih napadov ne usmerjajo proti buržoaznim proizvodnim pogojem

**mais ils dirigent leur attaque contre les instruments de production eux-mêmes**

vendar svoj napad usmerjajo proti samim proizvodnim instrumentom

**Ils détruisent les marchandises importées qui font concurrence à leur main-d'œuvre**

Uničujejo uvoženo blago, ki tekmuje z njihovim delom

**Ils brisent les machines et mettent le feu aux usines**

razbijejo stroje na koščke in zažgejo tovarne

**ils cherchent à restaurer par la force le statut disparu de l'ouvrier du Moyen Âge**

s silo poskušajo obnoviti izginuli status srednjeveškega delavca

**À ce stade, les ouvriers forment encore une masse incohérente dispersée dans tout le pays**

Na tej stopnji delavci še vedno tvorijo nekoherentno maso, razpršeno po vsej državi

**et ils sont brisés par leur concurrence mutuelle**

in jih razbije medsebojna konkurenca

**S'ils s'unissent quelque part pour former des corps plus compacts, ce n'est pas encore la conséquence de leur propre union active**

Če se kjerkoli združijo v bolj kompaktna telesa, to še ni posledica njihove lastne aktivne zveze

**mais c'est une conséquence de l'union de la bourgeoisie, d'atteindre ses propres fins politiques**
vendar je posledica združitve buržoazije, da doseže svoje politične cilje
**la bourgeoisie est obligée de mettre en mouvement tout le prolétariat**
buržoazija je prisiljena sprožiti celoten proletariat
**et d'ailleurs, pour un temps, la bourgeoisie est capable de le faire**
in še več, buržoazija je za nekaj časa sposobna to storiti
**À ce stade, les prolétaires ne combattent donc pas leurs ennemis**
Na tej stopnji se torej proletarci ne borijo proti svojim sovražnikom
**mais au lieu de cela, ils combattent les ennemis de leurs ennemis**
ampak namesto tega se borijo proti sovražnikom svojih sovražnikov
**La lutte contre les vestiges de la monarchie absolue et les propriétaires terriens**
boj proti ostankom absolutne monarhije in lastnikom zemljišč
**ils combattent la bourgeoisie non industrielle ; la petite bourgeoisie**
borijo se proti neindustrijski buržoaziji; drobna buržoazija
**Ainsi tout le mouvement historique est concentré entre les mains de la bourgeoisie**
Tako je celotno zgodovinsko gibanje skoncentrirano v rokah buržoazije
**chaque victoire ainsi obtenue est une victoire pour la bourgeoisie**
vsaka tako dosežena zmaga je zmaga buržoazije
**Mais avec le développement de l'industrie, le prolétariat ne se contente pas d'augmenter en nombre**
Toda z razvojem industrije se proletariat ne povečuje le v številu

**le prolétariat se concentre en masses plus grandes et sa force s'accroît**

proletariat se koncentrira v večjih množicah in njegova moč raste

**et le prolétariat ressent de plus en plus cette force**

in proletariat čuti to moč vedno bolj

**Les divers intérêts et conditions de vie dans les rangs du prolétariat sont de plus en plus égalisés**

Različni interesi in življenjske razmere v vrstah proletariata so vse bolj izenačeni

**elles deviennent plus proportionnelles à mesure que les machines effacent toutes les distinctions de travail**

postajajo bolj sorazmerno s stroji izbrisati vse razlike med delom

**et les machines réduisent presque partout les salaires au même bas niveau**

in stroji skoraj povsod znižajo plače na enako nizko raven

**La concurrence croissante entre la bourgeoisie et les crises commerciales qui en résultent rendent les salaires des ouvriers de plus en plus fluctuants**

Zaradi naraščajoče konkurence med buržoazijo in posledične trgovinske krize so plače delavcev vse bolj nihajoče

**L'amélioration incessante des machines, qui se développe de plus en plus rapidement, rend leurs moyens d'existence de plus en plus précaires**

Zaradi nenehnega izboljševanja strojev, ki se vedno hitreje razvijajo, je njihovo preživetje vse bolj negotovo

**les collisions entre les ouvriers individuels et la bourgeoisie individuelle prennent de plus en plus le caractère de collisions entre deux classes**

trki med posameznimi delavci in posamezno buržoazijo imajo vse bolj značaj trkov med dvema razredoma

**Là-dessus, les ouvriers commencent à former des associations (syndicats) contre la bourgeoisie**

Nato se delavci začnejo združevati (sindikati) proti buržoaziji

**Ils s'associent pour maintenir le taux des salaires**

združujejo se, da bi ohranili stopnjo plač

**Ils fondèrent des associations permanentes afin de pourvoir à l'avance à ces révoltes occasionnelles**

našli so stalna združenja, da bi vnaprej poskrbeli za te občasne upore

**Ici et là, la lutte éclate en émeutes**

Tu in tam tekmovanje izbruhne v nemire

**De temps en temps, les ouvriers sont victorieux, mais seulement pour un temps**

Tu in tam delavci zmagajo, vendar le za nekaj časa

**Le vrai fruit de leurs luttes n'est pas dans le résultat immédiat, mais dans l'union toujours plus grande des travailleurs**

Pravi sad njihovih bojev ni v takojšnjem rezultatu, ampak v vedno večjem sindikatu delavcev

**Cette union est favorisée par les moyens de communication améliorés créés par l'industrie moderne**

K temu sindikatu pomagajo izboljšana komunikacijska sredstva, ki jih ustvarja sodobna industrija

**La communication moderne met en contact les travailleurs de différentes localités les uns avec les autres**

Sodobna komunikacija postavlja delavce različnih krajev v stik med seboj

**C'était précisément ce contact qui était nécessaire pour centraliser les nombreuses luttes locales en une lutte nationale entre les classes**

Ravno ta stik je bil potreben za centralizacijo številnih lokalnih bojev v en nacionalni boj med razredi

**Toutes ces luttes sont du même caractère, et toute lutte de classe est une lutte politique**

vsi ti boji so istega značaja in vsak razredni boj je politični boj

**les bourgeois du moyen âge, avec leurs misérables routes, mettaient des siècles à former leurs syndicats**

meščani srednjega veka s svojimi bednimi cestami so potrebovali stoletja, da so oblikovali svoje zveze

**Les prolétaires modernes, grâce aux chemins de fer, réalisent leurs syndicats en quelques années**

Sodobni proletarci zahvaljujoč železnicam dosežejo svoje zveze v nekaj letih

**Cette organisation des prolétaires en classe les a donc formés en parti politique**

Ta organizacija proletarcev v razred jih je posledično oblikovala v politično stranko

**La classe politique est continuellement bouleversée par la concurrence entre les travailleurs eux-mêmes**

Politični razred nenehno vznemirja konkurenca med delavci samimi

**Mais la classe politique continue de se soulever, plus forte, plus ferme, plus puissante**

Toda politični razred se še naprej dviguje, močnejši, trdnejši, močnejši

**Elle oblige la législation à reconnaître les intérêts particuliers des travailleurs**

Zahteva zakonodajno priznanje posebnih interesov delavcev

**il le fait en profitant des divisions au sein de la bourgeoisie elle-même**

to počne tako, da izkoristi delitve med buržoazijo

**C'est ainsi qu'en Angleterre fut promulguée la loi sur les dix heures**

Tako je bil zakon o desetih urah v Angliji uzakonjen

**à bien des égards, les collisions entre les classes de l'ancienne société sont en outre le cours du développement du prolétariat**

v mnogih pogledih so trki med razredi stare družbe nadaljnji potek razvoja proletariata

**La bourgeoisie se trouve engagée dans une bataille de tous les instants**

Buržoazija se znajde v nenehnem boju

**Dans un premier temps, il se trouvera impliqué dans une bataille constante avec l'aristocratie**

Sprva se bo znašla v nenehnem boju z aristokracijo

**plus tard, elle se trouvera engagée dans une lutte constante avec ces parties de la bourgeoisie elle-même**

kasneje se bo znašla v nenehnem boju s tistimi deli same buržoazije

**et leurs intérêts seront devenus antagonistes au progrès de l'industrie**

in njihovi interesi bodo postali nasprotni napredku industrije

**à tout moment, leurs intérêts seront devenus antagonistes avec la bourgeoisie des pays étrangers**

vedno bodo njihovi interesi postali nasprotni buržoaziji tujih držav

**Dans toutes ces batailles, elle se voit obligée de faire appel au prolétariat et lui demande son aide**

V vseh teh bitkah se čuti prisiljen pritegniti proletariat in ga prosi za pomoč

**Et ainsi, il se sentira obligé de l'entraîner dans l'arène politique**

in tako se bo počutila prisiljeno, da jo povleče v politično areno

**C'est pourquoi la bourgeoisie elle-même fournit au prolétariat ses propres instruments d'éducation politique et générale**

Buržoazija sama torej oskrbuje proletariat z lastnimi instrumenti politične in splošne vzgoje

**c'est-à-dire qu'il fournit au prolétariat des armes pour combattre la bourgeoisie**

z drugimi besedami, proletariat oskrbuje z orožjem za boj proti buržoaziji

**De plus, comme nous l'avons déjà vu, des sections entières des classes dominantes sont précipitées dans le prolétariat**

Poleg tega, kot smo že videli, so celotni deli vladajočih razredov strmoglavljeni v proletariat

**le progrès de l'industrie les aspire dans le prolétariat**

napredek industrije jih sesa v proletariat

**ou, du moins, ils sont menacés dans leurs conditions d'existence**

ali pa so vsaj ogroženi v svojih pogojih obstoja

**Ceux-ci fournissent également au prolétariat de nouveaux éléments d'illumination et de progrès**

Ti tudi oskrbujejo proletariat s svežimi elementi razsvetljenstva in napredka

**Enfin, à l'approche de l'heure décisive de la lutte des classes**

Končno, v času, ko se razredni boj približuje odločilni uri

**le processus de dissolution en cours au sein de la classe dirigeante**

proces razpustitve znotraj vladajočega razreda

**En fait, la dissolution en cours au sein de la classe dirigeante se fera sentir dans toute la société**

pravzaprav se bo razpad, ki se dogaja znotraj vladajočega razreda, čutil v celotni družbi

**Il prendra un caractère si violent et si flagrant qu'une petite partie de la classe dirigeante se laissera aller à la dérive**

Dobila bo tako nasilen, očiten značaj, da se bo majhen del vladajočega razreda odrezal

**et que la classe dirigeante rejoindra la classe révolutionnaire**

in da se bo vladajoči razred pridružil revolucionarnemu razredu

**La classe révolutionnaire étant la classe qui tient l'avenir entre ses mains**

revolucionarni razred je razred, ki ima prihodnost v svojih rokah

**Comme à une époque antérieure, une partie de la noblesse passa dans la bourgeoisie**

Tako kot v prejšnjem obdobju je del plemstva prešel v buržoazijo

**de la même manière qu'une partie de la bourgeoisie passera au prolétariat**

na enak način bo del buržoazije prešel k proletariatu

**en particulier, une partie de la bourgeoisie passera à une partie des idéologues de la bourgeoisie**

zlasti bo del buržoazije prešel na del buržoaznih ideologov

**Des idéologues bourgeois qui se sont élevés au niveau de la compréhension théorique du mouvement historique dans son ensemble**

Buržoazni ideologi, ki so se dvignili na raven teoretičnega razumevanja zgodovinskega gibanja kot celote

**De toutes les classes qui se trouvent aujourd'hui en face de la bourgeoisie, seule le prolétariat est une classe vraiment révolutionnaire**

Od vseh razredov, ki se danes soočajo z buržoazijo, je samo proletariat resnično revolucionaren razred

**Les autres classes se dégradent et finissent par disparaître devant l'industrie moderne**

Drugi razredi propadejo in končno izginejo pred sodobno industrijo

**le prolétariat est son produit spécial et essentiel**

Proletariat je njegov poseben in bistven izdelek

**La petite bourgeoisie, le petit industriel, le commerçant, l'artisan, le paysan**

Nižji srednji razred, mali proizvajalec, trgovec, obrtnik, kmet

**toutes ces luttes contre la bourgeoisie**

vsi ti se borijo proti buržoaziji

**Ils se battent en tant que fractions de la classe moyenne pour se sauver de l'extinction**

Borijo se kot deli srednjega razreda, da bi se rešili pred izumrtjem

**Ils ne sont donc pas révolutionnaires, mais conservateurs**

Zato niso revolucionarni, ampak konservativni

**Bien plus, ils sont réactionnaires, car ils essaient de faire reculer la roue de l'histoire**

Še več, reakcionarni so, ker poskušajo vrniti kolo zgodovine nazaj

**Si par hasard ils sont révolutionnaires, ils ne le sont qu'en vue de leur transfert imminent dans le prolétariat**

Če so po naključju revolucionarne, so to le zaradi bližajočega se prehoda v proletariat

**Ils défendent ainsi non pas leurs intérêts présents, mais leurs intérêts futurs**
tako ne branijo svojih sedanjih, ampak prihodnjih interesov
**ils désertent leur propre point de vue pour se placer à celui du prolétariat**
zapustijo svoje stališče, da bi se postavili na stališče proletariata
**La « classe dangereuse », la racaille sociale, cette masse en décomposition passive rejetée par les couches les plus basses de la vieille société**
»Nevarni razred«, družbena ološ, ta pasivno gnila masa, ki so jo vrgli najnižji sloji stare družbe
**Ils peuvent, ici et là, être entraînés dans le mouvement par une révolution prolétarienne**
tu in tam jih lahko v gibanje pomete proletarska revolucija
**Ses conditions de vie, cependant, le préparent beaucoup plus au rôle d'instrument soudoyé de l'intrigue réactionnaire**
Njegove življenjske razmere pa jo veliko bolj pripravljajo na vlogo podkupljenega orodja reakcionarnih spletk
**Dans les conditions du prolétariat, ceux de l'ancienne société dans son ensemble sont déjà virtuellement submergés**
V razmerah proletariata so tisti iz stare družbe na splošno že praktično preplavljeni
**Le prolétaire est sans propriété**
Proletar je brez lastnine
**ses rapports avec sa femme et ses enfants n'ont plus rien de commun avec les relations familiales de la bourgeoisie**
njegov odnos z ženo in otroki nima več nič skupnega z družinskimi odnosi buržoazije
**le travail industriel moderne, la sujétion moderne au capital, la même en Angleterre qu'en France, en Amérique comme en Allemagne**
sodobno industrijsko delo, sodobno podrejanje kapitalu, enako v Angliji kot v Franciji, v Ameriki kot v Nemčiji

**Sa condition dans la société l'a dépouillé de toute trace de caractère national**
njegovo stanje v družbi mu je odvzelo vse sledi nacionalnega značaja
**La loi, la morale, la religion, sont pour lui autant de préjugés bourgeois**
Zakon, morala, vera so zanj toliko buržoaznih predsodkov
**et derrière ces préjugés se cachent en embuscade autant d'intérêts bourgeois**
in za temi predsodki se skriva v zasedi prav toliko buržoaznih interesov
**Toutes les classes précédentes, qui ont pris le dessus, ont cherché à fortifier leur statut déjà acquis**
Vsi prejšnji razredi, ki so dobili prednost, so poskušali utrditi svoj že pridobljeni status
**Ils l'ont fait en soumettant la société dans son ensemble à leurs conditions d'appropriation**
To so storili tako, da so družbo na splošno podvrgli svojim pogojem prilaščanja
**Les prolétaires ne peuvent pas devenir maîtres des forces productives de la société**
Proletarci ne morejo postati gospodarji proizvodnih sil družbe
**elle ne peut le faire qu'en abolissant son propre mode d'appropriation antérieur**
to lahko stori le z odpravo lastnega prejšnjega načina prilaščanja
**et par là même elle abolit tout autre mode d'appropriation antérieur**
in s tem odpravlja tudi vse druge prejšnje načine prilaščanja
**Ils n'ont rien à eux pour s'assurer et se fortifier**
Nimajo ničesar, kar bi lahko zavarovali in utrdili
**Leur mission est de détruire toutes les sûretés antérieures et les assurances de biens individuels**
Njihovo poslanstvo je uničiti vse prejšnje vrednostne papirje in zavarovanja posameznega premoženja

**Tous les mouvements historiques antérieurs étaient des mouvements de minorités**

Vsa prejšnja zgodovinska gibanja so bila gibanja manjšin

**ou bien il s'agissait de mouvements dans l'intérêt des minorités**

ali pa so bila gibanja v interesu manjšin

**Le mouvement prolétarien est le mouvement conscient et indépendant de l'immense majorité**

Proletarsko gibanje je samozavestno, neodvisno gibanje ogromne večine

**Et c'est un mouvement dans l'intérêt de l'immense majorité**

in to je gibanje v interesu ogromne večine

**Le prolétariat, couche la plus basse de notre société actuelle**

Proletariat, najnižji sloj naše sedanje družbe

**elle ne peut ni s'agiter ni s'élever sans que toutes les couches supérieures de la société officielle ne soient soulevées en l'air**

ne more se premakniti ali dvigniti, ne da bi se v zrak dvignili celotni nadvladni sloji uradne družbe

**Loin d'être dans le fond, mais dans la forme, la lutte du prolétariat contre la bourgeoisie est d'abord une lutte nationale**

Čeprav ni v vsebini, vendar v obliki, je boj proletariata z buržoazijo sprva narodni boj

**Le prolétariat de chaque pays doit, bien entendu, régler d'abord ses affaires avec sa propre bourgeoisie**

Proletariat vsake države mora seveda najprej urediti zadeve s svojo buržoazijo

**En décrivant les phases les plus générales du développement du prolétariat, nous avons retracé la guerre civile plus ou moins voilée**

Pri prikazovanju najbolj splošnih faz razvoja proletariata smo zasledili bolj ali manj prikrito državljansko vojno

**Ce civil fait rage au sein de la société existante**

Ta civilizacija divja v obstoječi družbi

Elle fera rage jusqu'au point où cette guerre éclatera en révolution ouverte
divjala bo do točke, ko bo vojna izbruhnila v odprto revolucijo
et alors le renversement violent de la bourgeoisie jette les bases de l'emprise du prolétariat
in potem nasilno strmoglavljenje buržoazije postavi temelje za vpliv proletariata
Jusqu'à présent, toute forme de société a été fondée, comme nous l'avons déjà vu, sur l'antagonisme des classes oppressives et opprimées
Kot smo že videli, je vsaka oblika družbe temeljila na antagonizmu zatiranja in zatiranih razredov
Mais pour opprimer une classe, il faut lui assurer certaines conditions
Da pa bi zatirali razred, mu morajo biti zagotovljeni določeni pogoji
La classe doit être maintenue dans des conditions dans lesquelles elle peut, au moins, continuer son existence servile
razred je treba ohranjati v pogojih, v katerih lahko vsaj nadaljuje svoj suženjski obstoj
Le serf, à l'époque du servage, s'élevait lui-même au rang d'adhérent à la commune
Tlačan se je v času tlačanstva povzdignil v članstvo v občini
de même que la petite bourgeoisie, sous le joug de l'absolutisme féodal, a réussi à se développer en bourgeoisie
tako kot se je drobna buržoazija pod jarmom fevdalnega absolutizma uspela razviti v buržoazijo
L'ouvrier moderne, au contraire, au lieu de s'élever avec les progrès de l'industrie, s'enfonce de plus en plus profondément
Sodobni delavec, nasprotno, namesto da bi se dvignil z napredkom industrije, se potaplja globlje in globlje
il s'enfonce au-dessous des conditions d'existence de sa propre classe
potopi se pod pogoje obstoja svojega lastnega razreda

**Il devient pauvre, et le paupérisme se développe plus rapidement que la population et la richesse**

Postane revež in revščina se razvija hitreje kot prebivalstvo in bogastvo

**Et c'est là qu'il devient évident que la bourgeoisie n'est plus apte à être la classe dominante dans la société**

In tukaj postane očitno, da buržoazija ni več primerna za vladajoči razred v družbi

**et elle n'est pas digne d'imposer ses conditions d'existence à la société comme une loi prépondérante**

in ni primerno, da bi družbi vsiljevali pogoje obstoja kot prevladujoči zakon

**Il est inapte à gouverner parce qu'il est incompétent pour assurer une existence à son esclave dans son esclavage**

Neprimerna je vladati, ker je nesposobna, da bi zagotovila obstoj svojemu sužnju v njegovem suženjstvu

**parce qu'il ne peut s'empêcher de le laisser sombrer dans un tel état, qu'il doit le nourrir, au lieu d'être nourri par lui**

ker si ne more pomagati, da bi ga pustil, da se potopi v takšno stanje, da ga mora nahraniti, namesto da bi ga on hranil

**La société ne peut plus vivre sous cette bourgeoisie**

Družba ne more več živeti pod to buržoazijo

**En d'autres termes, son existence n'est plus compatible avec la société**

z drugimi besedami, njegov obstoj ni več združljiv z družbo

**La condition essentielle de l'existence et de l'influence de la classe bourgeoise est la formation et l'accroissement du capital**

Bistveni pogoj za obstoj in vpliv buržoaznega razreda je oblikovanje in povečevanje kapitala

**La condition du capital, c'est le salariat-travail**

pogoj za kapital je mezdno delo

**Le travail salarié repose exclusivement sur la concurrence entre les travailleurs**

Mezdno delo temelji izključno na konkurenci med delavci

**Le progrès de l'industrie, dont le promoteur involontaire est la bourgeoisie, remplace l'isolement des ouvriers**
Napredek industrije, katere neprostovoljni pospeševalec je buržoazija, nadomešča izolacijo delavcev
**en raison de la concurrence, en raison de leur combinaison révolutionnaire, en raison de l'association**
zaradi konkurence, zaradi njihove revolucionarne kombinacije, zaradi združevanja
**Le développement de l'industrie moderne lui coupe sous les pieds les fondements mêmes sur lesquels la bourgeoisie produit et s'approprie les produits**
Razvoj sodobne industrije izpod njenih nog izreže temelje, na katerih buržoazija proizvaja in si prisvaja izdelke
**Ce que la bourgeoisie produit avant tout, ce sont ses propres fossoyeurs**
Buržoazija proizvaja predvsem svoje lastne grobarje
**La chute de la bourgeoisie et la victoire du prolétariat sont également inévitables**
Padec buržoazije in zmaga proletariata sta prav tako neizogibna

## Prolétaires et communistes
### Proletarci in komunisti

**Quel est le rapport des communistes vis-à-vis de l'ensemble des prolétaires ?**
V kakšnem odnosu so komunisti do proletarcev kot celote?
**Les communistes ne forment pas un parti séparé opposé aux autres partis de la classe ouvrière**
Komunisti ne tvorijo ločene stranke, ki bi nasprotovala drugim delavskim strankam
**Ils n'ont pas d'intérêts séparés de ceux du prolétariat dans son ensemble**
Nimajo interesov, ki bi bili ločeni in ločeni od interesov proletariata kot celote
**Ils n'établissent pas de principes sectaires qui leur soient propres pour façonner et modeler le mouvement prolétarien**
Ne postavljajo lastnih sektaških načel, s katerimi bi oblikovali in oblikovali proletarsko gibanje
**Les communistes ne se distinguent des autres partis ouvriers que par deux choses**
Komuniste od drugih delavskih strank razlikujeta le dve stvari
**Premièrement, ils signalent et mettent en avant les intérêts communs de l'ensemble du prolétariat, indépendamment de toute nationalité**
Prvič, opozarjajo in postavljajo v ospredje skupne interese celotnega proletariata, neodvisno od vsake narodnosti
**C'est ce qu'ils font dans les luttes nationales des prolétaires des différents pays**
to počnejo v nacionalnih bojih proletarcev različnih držav
**Deuxièmement, ils représentent toujours et partout les intérêts du mouvement dans son ensemble**
Drugič, vedno in povsod zastopajo interese gibanja kot celote
**c'est ce qu'ils font dans les différents stades de développement par lesquels doit passer la lutte de la classe ouvrière contre la bourgeoisie**

to počnejo na različnih stopnjah razvoja, ki jih mora preživeti boj delavskega razreda proti buržoaziji

**Les communistes sont donc, d'une part, pratiquement, la section la plus avancée et la plus résolue des partis ouvriers de tous les pays**

Komunisti so torej po eni strani praktično najnaprednejši in odločnejši del delavskih strank v vsaki državi

**Ils sont cette section de la classe ouvrière qui pousse en avant toutes les autres**

so tisti del delavskega razreda, ki potiska vse druge

**Théoriquement, ils ont aussi l'avantage de bien comprendre la ligne de marche**

Teoretično imajo tudi prednost, da jasno razumejo črto pohoda

**C'est ce qu'ils comprennent mieux par rapport à la grande masse du prolétariat**

To bolje razumejo v primerjavi z veliko množico proletariata

**Ils comprennent les conditions et les résultats généraux ultimes du mouvement prolétarien**

razumejo pogoje in končne splošne rezultate proletarskega gibanja

**Le but immédiat du Parti communiste est le même que celui de tous les autres partis prolétariens**

Neposredni cilj komunista je enak cilju vseh drugih proletarskih strank

**Leur but est la formation du prolétariat en classe**

Njihov cilj je oblikovanje proletariata v razred

**ils visent à renverser la suprématie de la bourgeoisie**

njihov cilj je strmoglaviti buržoazno prevlado

**la conquête du pouvoir politique par le prolétariat**

prizadevanje za osvojitev politične moči s strani proletariata

**Les conclusions théoriques des communistes ne sont nullement basées sur des idées ou des principes de réformateurs**

Teoretični zaključki komunistov nikakor ne temeljijo na idejah ali načelih reformatorjev

**ce ne sont pas des prétendus réformateurs universels qui ont inventé ou découvert les conclusions théoriques des communistes**

niso bili univerzalni reformatorji tisti, ki so izumili ali odkrili teoretične zaključke komunistov

**Ils ne font qu'exprimer, en termes généraux, des rapports réels qui naissent d'une lutte de classe existante**

Na splošno zgolj izražajo dejanske odnose, ki izvirajo iz obstoječega razrednega boja

**Et ils décrivent le mouvement historique qui se déroule sous nos yeux et qui a créé cette lutte des classes**

in opisujejo zgodovinsko gibanje, ki se dogaja pred našimi očmi in je ustvarilo ta razredni boj

**L'abolition des rapports de propriété existants n'est pas du tout un trait distinctif du communisme**

Odprava obstoječih lastninskih razmerij sploh ni značilnost komunizma

**Dans le passé, toutes les relations de propriété ont été continuellement sujettes à des changements historiques**

Vsa premoženjska razmerja v preteklosti so bila nenehno podvržena zgodovinskim spremembam

**et ces changements ont été consécutifs au changement des conditions historiques**

in te spremembe so bile posledica spremembe zgodovinskih razmer

**La Révolution française, par exemple, a aboli la propriété féodale au profit de la propriété bourgeoise**

Francoska revolucija je na primer odpravila fevdalno lastnino v korist buržoazne lastnine

**Le trait distinctif du communisme n'est pas l'abolition de la propriété, en général**

Značilnost komunizma na splošno ni odprava lastnine

**mais le trait distinctif du communisme, c'est l'abolition de la propriété bourgeoise**

toda značilnost komunizma je odprava buržoazne lastnine

**Mais la propriété privée de la bourgeoisie moderne est l'expression ultime et la plus complète du système de production et d'appropriation des produits**

Toda sodobna buržoazna zasebna lastnina je končni in najpopolnejši izraz sistema proizvodnje in prilaščanja proizvodov

**C'est l'état final d'un système basé sur les antagonismes de classe, où l'antagonisme de classe est l'exploitation du plus grand nombre par quelques-uns**

To je končno stanje sistema, ki temelji na razrednih antagonizmih, kjer je razredni antagonizem izkoriščanje mnogih s strani peščice

**En ce sens, la théorie des communistes peut se résumer en une seule phrase ; l'abolition de la propriété privée**

V tem smislu lahko teorijo komunistov povzamemo v enem samem stavku; odprava zasebne lastnine

**On nous a reproché, à nous communistes, de vouloir abolir le droit d'acquérir personnellement des biens**

Komunistom so očitali željo po odpravi pravice do osebnega pridobivanja lastnine

**On prétend que cette propriété est le fruit du travail de l'homme**

Trdi se, da je ta lastnost plod človekovega lastnega dela

**et cette propriété est censée être le fondement de toute liberté, de toute activité et de toute indépendance individuelles.**

in ta lastnina naj bi bila temelj vse osebne svobode, dejavnosti in neodvisnosti.

**« Propriété durement gagnée, auto-acquise, auto-gagnée ! »**

"Težko pridobljena, samopridobljena, samozaslužena lastnina!"

**Voulez-vous dire la propriété du petit artisan et du petit paysan ?**

Ali mislite na lastnino drobnega obrtnika in majhnega kmeta?

**Voulez-vous parler d'une forme de propriété qui a précédé la forme bourgeoise ?**

Ali mislite na obliko lastnine, ki je bila pred buržoazno obliko?

**Il n'est pas nécessaire de l'abolir, le développement de l'industrie l'a déjà détruit dans une large mesure**

Tega ni treba odpraviti, razvoj industrije ga je v veliki meri že uničil

**et le développement de l'industrie continue de la détruire chaque jour**

in razvoj industrije ga še vedno vsak dan uničuje

**Ou voulez-vous parler de la propriété privée de la bourgeoisie moderne ?**

Ali mislite na sodobno buržoazno zasebno lastnino?

**Mais le travail salarié crée-t-il une propriété pour l'ouvrier ?**

Toda ali mezdno delo ustvarja kakšno lastnino za delavca?

**Non, le travail salarié ne crée pas une parcelle de ce genre de propriété !**

Ne, mezdno delo ne ustvarja niti delčka te vrste lastnine!

**Ce que le travail salarié crée, c'est du capital ; ce genre de propriété qui exploite le travail salarié**

Mezdno delo ustvarja kapital; Takšna lastnina, ki izkorišča mezdno delo

**Le capital ne peut s'accroître qu'à la condition d'engendrer une nouvelle offre de travail salarié pour une nouvelle exploitation**

kapital se ne more povečati, razen pod pogojem, da sproži novo ponudbo mezdnega dela za novo izkoriščanje

**La propriété, dans sa forme actuelle, est fondée sur l'antagonisme du capital et du salariat**

Lastnina v svoji sedanji obliki temelji na antagonizmu kapitala in mezdnega dela

**Examinons les deux côtés de cet antagonisme**

Oglejmo si obe strani tega antagonizma

**Être capitaliste, ce n'est pas seulement avoir un statut purement personnel**

Biti kapitalist ne pomeni imeti le čisto osebnega statusa

**Au contraire, être capitaliste, c'est aussi avoir un statut social dans la production**

namesto tega biti kapitalist pomeni imeti tudi družbeni status
v proizvodnji

**parce que le capital est un produit collectif ; Ce n'est que par
l'action unie de nombreux membres qu'elle peut être mise
en branle**

ker je kapital kolektivni proizvod; Le s skupnim delovanjem
številnih poslancev ga je mogoče sprožiti

**Mais cette action unie n'est qu'un dernier recours, et
nécessite en fait tous les membres de la société**

vendar je ta enotna akcija zadnja možnost in dejansko zahteva
vse člane družbe

**Le capital est converti en propriété de tous les membres de la
société**

Kapital se pretvori v lastnino vseh članov družbe

**mais le Capital n'est donc pas une puissance personnelle ;
c'est un pouvoir social**

toda kapital torej ni osebna moč; je družbena moč

**Ainsi, lorsque le capital est converti en propriété sociale, la
propriété personnelle n'est pas pour autant transformée en
propriété sociale**

Ko se torej kapital pretvori v družbeno lastnino, se osebna
lastnina s tem ne spremeni v družbeno lastnino

**Ce n'est que le caractère social de la propriété qui est
modifié et qui perd son caractère de classe**

Spremeni se le družbeni značaj lastnine, ki izgubi svoj
razredni značaj

**Regardons maintenant le travail salarié**

Poglejmo si zdaj mezdno delo

**Le prix moyen du salariat est le salaire minimum, c'est-à-dire
le quantum des moyens de subsistance**

Povprečna cena mezdnega dela je minimalna plača, tj. količina
sredstev za preživljanje

**Ce salaire est absolument nécessaire dans la simple
existence d'un ouvrier**

Ta plača je absolutno potrebna za goli obstoj delavca

**Ce que le salarié s'approprie par son travail ne suffit donc qu'à prolonger et à reproduire une existence nue**

Kar si torej mezdni delavec prilasti s svojim delom, zadostuje le za podaljšanje in reprodukcijo golega obstoja

**Nous n'avons nullement l'intention d'abolir cette appropriation personnelle des produits du travail**

Nikakor ne nameravamo odpraviti tega osebnega prilaščanja proizvodov dela

**une appropriation qui est faite pour le maintien et la reproduction de la vie humaine**

sredstva, ki se namenjajo za vzdrževanje in razmnoževanje človeškega življenja

**Une telle appropriation personnelle des produits du travail ne laisse pas de surplus pour commander le travail d'autrui**

takšno osebno prisvajanje proizvodov dela ne pušča presežka, s katerim bi lahko nadzorovali delo drugih

**Tout ce que nous voulons supprimer, c'est le caractère misérable de cette appropriation**

Vse, kar želimo odpraviti, je bedni značaj te prisvojitve

**l'appropriation dont vit l'ouvrier dans le seul but d'augmenter son capital**

prisvojitev, pod katero delavec živi samo za povečanje kapitala

**Il n'est autorisé à vivre que dans la mesure où l'intérêt de la classe dominante l'exige**

Dovoljeno mu je živeti le, kolikor to zahtevajo interesi vladajočega razreda

**Dans la société bourgeoise, le travail vivant n'est qu'un moyen d'augmenter le travail accumulé**

V buržoazni družbi je živa delovna sila le sredstvo za povečanje nakopičenega dela

**Dans la société communiste, le travail accumulé n'est qu'un moyen d'élargir, d'enrichir, de promouvoir l'existence de l'ouvrier**

V komunistični družbi je nakopičeno delo le sredstvo za razširitev, obogatitev in spodbujanje obstoja delavca

**C'est pourquoi, dans la société bourgeoise, le passé domine le présent**
V buržoazni družbi torej preteklost prevladuje nad sedanjostjo
**dans la société communiste, le présent domine le passé**
v komunistični družbi sedanjost prevladuje nad preteklostjo
**Dans la société bourgeoise, le capital est indépendant et a une individualité**
V buržoazijski družbi je kapital neodvisen in ima individualnost
**Dans la société bourgeoise, la personne vivante est dépendante et n'a pas d'individualité**
V buržoazni družbi je živa oseba odvisna in nima individualnosti
**Et l'abolition de cet état de choses est appelée par la bourgeoisie l'abolition de l'individualité et de la liberté !**
In odpravo tega stanja stvari buržoazija imenuje odprava individualnosti in svobode!
**Et c'est à juste titre qu'on l'appelle l'abolition de l'individualité et de la liberté !**
In upravičeno se imenuje odprava individualnosti in svobode!
**Le communisme vise à l'abolition de l'individualité bourgeoise**
Komunizem si prizadeva za odpravo buržoazne individualnosti
**Le communisme veut l'abolition de l'indépendance de la bourgeoisie**
Komunizem namerava odpraviti neodvisnost buržoazije
**La liberté de la bourgeoisie est sans aucun doute ce que vise le communisme**
Buržoazna svoboda je nedvomno tisto, k čemur si prizadeva komunizem
**dans les conditions actuelles de production de la bourgeoisie, la liberté signifie le libre-échange, la liberté de vendre et d'acheter**
v sedanjih buržoaznih proizvodnih pogojih svoboda pomeni prosto trgovino, prosto prodajo in nakup

**Mais si la vente et l'achat disparaissent, la vente et l'achat gratuits disparaissent également**
Če pa prodaja in nakup izginejo, izgineta tudi prosta prodaja in nakup
**Les « paroles courageuses » de la bourgeoisie sur la vente et l'achat libres n'ont qu'un sens limité**
»Pogumne besede« buržoazije o prosti prodaji in nakupu imajo pomen le v omejenem smislu
**Ces mots n'ont de sens que par opposition à la vente et à l'achat restreints**
Te besede imajo pomen le v nasprotju z omejeno prodajo in nakupom
**et ces mots n'ont de sens que lorsqu'ils s'appliquent aux marchands enchaînés du moyen âge**
in te besede imajo pomen le, če se nanašajo na priklenjene trgovce srednjega veka
**et cela suppose que ces mots aient même un sens dans un sens bourgeois**
in to predpostavlja, da imajo te besede pomen celo v buržoaznem smislu
**mais ces mots n'ont aucun sens lorsqu'ils sont utilisés pour s'opposer à l'abolition communiste de l'achat et de la vente**
vendar te besede nimajo pomena, ko se uporabljajo za nasprotovanje komunistični odpravi nakupa in prodaje
**les mots n'ont pas de sens lorsqu'ils sont utilisés pour s'opposer à l'abolition des conditions de production de la bourgeoisie**
besede nimajo pomena, ko se uporabljajo za nasprotovanje odpravi buržoaznih pogojev proizvodnje
**et ils n'ont aucun sens lorsqu'ils sont utilisés pour s'opposer à l'abolition de la bourgeoisie elle-même**
in nimajo nobenega pomena, ko se uporabljajo za nasprotovanje odpravi buržoazije same
**Vous êtes horrifiés par notre intention d'en finir avec la propriété privée**
Zgroženi ste, da nameravamo odpraviti zasebno lastnino

**Mais dans votre société actuelle, la propriété privée est déjà abolie pour les neuf dixièmes de la population**

Toda v vaši obstoječi družbi je zasebna lastnina že odpravljena za devet desetin prebivalstva

**L'existence d'une propriété privée pour quelques-uns est uniquement due à sa non-existence entre les mains des neuf dixièmes de la population**

Obstoj zasebne lastnine za peščico je izključno posledica njenega neobstoja v rokah devetih desetin prebivalstva

**Vous nous reprochez donc d'avoir l'intention de supprimer une forme de propriété**

Zato nam očitate, da nameravamo odpraviti neko obliko lastnine

**Mais la propriété privée nécessite l'inexistence de toute propriété pour l'immense majorité de la société**

vendar zasebna lastnina zahteva neobstoj kakršne koli lastnine za ogromno večino družbe

**En un mot, vous nous reprochez d'avoir l'intention de vous débarrasser de vos biens**

Z eno besedo, očitate nam, da nameravamo odpraviti vašo lastnino

**Et c'est précisément le cas ; se débarrasser de votre propriété est exactement ce que nous avons l'intention de faire**

In prav tako je; odprava vaše nepremičnine je ravno tisto, kar nameravamo

**À partir du moment où le travail ne peut plus être converti en capital, en argent ou en rente**

Od trenutka, ko dela ni več mogoče pretvoriti v kapital, denar ali rento

**quand le travail ne peut plus être converti en un pouvoir social monopolisé**

ko dela ni več mogoče spremeniti v družbeno moč, ki bi jo bilo mogoče monopolizirati

**à partir du moment où la propriété individuelle ne peut plus être transformée en propriété bourgeoise**

od trenutka, ko individualne lastnine ni več mogoče
preoblikovati v buržoazno lastnino
**à partir du moment où la propriété individuelle ne peut plus**
**être transformée en capital**
od trenutka, ko individualne lastnine ni več mogoče
preoblikovati v kapital
**À partir de ce moment-là, vous dites que l'individualité**
**s'évanouit**
Od tistega trenutka pravite, da individualnost izgine
**Vous devez donc avouer que par « individu » vous**
**n'entendez personne d'autre que la bourgeoisie**
Zato morate priznati, da z »posameznikom« ne mislite na
nikogar drugega kot na buržoazijo
**Vous devez avouer qu'il s'agit spécifiquement du**
**propriétaire de la classe moyenne**
priznati morate, da se posebej nanaša na lastnika
nepremičnine srednjega razreda
**Cette personne doit, en effet, être balayée et rendue**
**impossible**
To osebo je res treba odstraniti s poti in onemogočiti
**Le communisme ne prive personne du pouvoir de**
**s'approprier les produits de la société**
Komunizem nikomur ne odvzame moči, da bi si prisvojil
izdelke družbe
**tout ce que fait le communisme, c'est de le priver du pouvoir**
**de subjuguer le travail d'autrui au moyen d'une telle**
**appropriation**
vse, kar komunizem počne, je, da mu odvzame moč, da bi s
takšno prisvojitvijo podredil delo drugih
**On a objecté qu'avec l'abolition de la propriété privée, tout**
**travail cesserait**
Ugovarjali so, da bo z odpravo zasebne lastnine prenehalo vsa
dela
**et il est alors suggéré que la paresse universelle nous**
**rattrapera**
in nato se predlaga, da nas bo prehitela univerzalna lenoba

**D'après cela, il y a longtemps que la société bourgeoise
aurait dû aller aux chiens par pure oisiveté**
V skladu s tem bi morala buržoazna družba že zdavnaj iti k
psom zaradi čiste brezdelja
**parce que ceux de ses membres qui travaillent, n'acquièrent
rien**
ker tisti člani, ki delajo, ne pridobijo ničesar
**et ceux de ses membres qui acquièrent quoi que ce soit, ne
travaillent pas**
in tisti njeni člani, ki karkoli pridobijo, ne delajo
**L'ensemble de cette objection n'est qu'une autre expression
de la tautologie**
Celoten ta ugovor je le še en izraz tavtologije
**Il ne peut plus y avoir de travail salarié quand il n'y a plus
de capital**
Ne more več biti plačanega dela, ko ni več kapitala
**Il n'y a pas de différence entre les produits matériels et les
produits mentaux**
Ni razlike med materialnimi in mentalnimi produkti
**Le communisme propose que les deux soient produits de la
même manière**
Komunizem predlaga, da se oboje proizvede na enak način
**mais les objections contre les modes communistes de
production sont les mêmes**
vendar so ugovori proti komunističnim načinom njihovega
ustvarjanja enaki
**pour la bourgeoisie, la disparition de la propriété de classe
est la disparition de la production elle-même**
za buržoazijo je izginotje razredne lastnine izginotje same
proizvodnje
**Ainsi, la disparition de la culture de classe est pour lui
identique à la disparition de toute culture**
Torej je izginotje razredne kulture zanj enako kot izginotje vse
kulture

**Cette culture, dont il déplore la perte, n'est pour l'immense majorité qu'un simple entraînement à agir comme une machine**

Ta kultura, katere izgubo obžaluje, je za veliko večino zgolj usposabljanje za delovanje kot stroj

**Les communistes ont bien l'intention d'abolir la culture de la propriété bourgeoise**

Komunisti močno nameravajo odpraviti kulturo buržoazne lastnine

**Mais ne vous querellez pas avec nous tant que vous appliquez les normes de vos notions bourgeoises de liberté, de culture, de droit, etc**

Toda ne prepirajte se z nami, dokler uporabljate standard svojih buržoaznih predstav o svobodi, kulturi, zakonodaji itd

**Vos idées mêmes ne sont que le résultat des conditions de votre production bourgeoise et de la propriété bourgeoise**

Vaše ideje so le posledica pogojev vaše buržoazne proizvodnje in buržoazne lastnine

**de même que votre jurisprudence n'est que la volonté de votre classe érigée en loi pour tous**

tako kot je vaša sodna praksa le volja vašega razreda, ki je postala zakon za vse

**Le caractère essentiel et l'orientation de cette volonté sont déterminés par les conditions économiques créées par votre classe sociale**

Bistveni značaj in smer te volje sta določena z ekonomskimi pogoji, ki jih ustvarja vaš družbeni razred

**L'idée fausse égoïste qui vous pousse à transformer les formes sociales en lois éternelles de la nature et de la raison**

Sebična napačna predstava, ki vas spodbuja, da družbene oblike spremenite v večne zakone narave in razuma

**les formes sociales qui découlent de votre mode de production et de votre forme de propriété actuels**

družbene oblike, ki izvirajo iz vašega sedanjega načina proizvodnje in oblike lastnine,

**des rapports historiques qui naissent et disparaissent dans le progrès de la production**

zgodovinski odnosi, ki se dvigajo in izginjajo v napredku proizvodnje

**cette idée fausse que vous partagez avec toutes les classes dirigeantes qui vous ont précédés**

To napačno prepričanje delite z vsakim vladajočim razredom, ki je bil pred vami

**Ce que vous voyez clairement dans le cas de la propriété ancienne, ce que vous admettez dans le cas de la propriété féodale**

Kaj jasno vidite v primeru starodavne lastnine, kaj priznavate v primeru fevdalne lastnine

**ces choses, il vous est bien entendu interdit de les admettre dans le cas de votre propre forme de propriété bourgeoise**

te stvari vam je seveda prepovedano priznati v primeru vaše lastne buržoazne oblike lastnine

**Abolition de la famille ! Même les plus radicaux s'enflamment devant cette infâme proposition des communistes**

Odprava družine! Celo najbolj radikalni se razplamtijo ob tem zloglasnem predlogu komunistov

**Sur quelle base se fonde la famille actuelle, la famille bourgeoise ?**

Na kakšnih temeljih temelji sedanja družina, buržoazna družina?

**La fondation de la famille actuelle est basée sur le capital et le gain privé**

Temelj sedanje družine temelji na kapitalu in zasebnem dobičku

**Sous sa forme complètement développée, cette famille n'existe que dans la bourgeoisie**

V svoji popolnoma razviti obliki ta družina obstaja le med buržoazijo

**Cet état de choses trouve son complément dans l'absence pratique de la famille chez les prolétaires**

To stanje stvari najde svoje dopolnilo v praktični odsotnosti družine med proletarci

**Cet état de choses se retrouve dans la prostitution publique**

Takšno stanje stvari je mogoče najti v javni prostituciji

**La famille bourgeoise disparaîtra d'office quand son effectif disparaîtra**

Buržoazna družina bo izginila kot nekaj samoumevnega, ko bo izginilo njeno dopolnilo

**et l'une et l'autre s'évanouiront avec la disparition du capital**

in oboje bo izginilo z izginotjem kapitala

**Nous accusez-vous de vouloir mettre fin à l'exploitation des enfants par leurs parents ?**

Ali nas obtožujete, da želimo ustaviti izkoriščanje otrok s strani njihovih staršev?

**Nous plaidons coupables de ce crime**

Za ta zločin priznavamo krivdo

**Mais, direz-vous, on détruit les relations les plus sacrées, quand on remplace l'éducation à domicile par l'éducation sociale**

Ampak, rekli boste, uničujemo najbolj svete odnose, ko zamenjamo domačo vzgojo s socialno vzgojo

**Votre éducation n'est-elle pas aussi sociale ? Et n'est-elle pas déterminée par les conditions sociales dans lesquelles vous éduquez ?**

Ali vaša izobrazba ni tudi socialna? In ali ni določena s socialnimi razmerami, v katerih izobražujete?

**par l'intervention, directe ou indirecte, de la société, par le biais de l'école, etc.**

z neposrednim ali posrednim posredovanjem družbe, s pomočjo šol itd.

**Les communistes n'ont pas inventé l'intervention de la société dans l'éducation**

Komunisti niso izumili družbenega posredovanja v izobraževanju

**ils ne cherchent qu'à modifier le caractère de cette intervention**

poskušajo le spremeniti naravo tega posredovanja
**et ils cherchent à sauver l'éducation de l'influence de la
classe dirigeante**
in poskušajo rešiti izobraževanje pred vplivom vladajočega
razreda
**La bourgeoisie parle de la relation sacrée du parent et de
l'enfant**
Buržoazija govori o posvečenem sorazmerju med staršem in
otrokom
**mais ce baratin sur la famille et l'éducation devient d'autant
plus répugnant quand on regarde l'industrie moderne**
toda ta ploskanje o družini in izobrazbi postane še bolj
gnusno, ko pogledamo sodobno industrijo
**Tous les liens familiaux entre les prolétaires sont déchirés
par l'industrie moderne**
vse družinske vezi med proletarci so raztrgane zaradi sodobne
industrije
**Leurs enfants sont transformés en simples objets de
commerce et en instruments de travail**
njihovi otroci se spremenijo v preproste predmete trgovine in
delovna orodja
**Mais vous, communistes, vous créeriez une communauté de
femmes, crie en chœur toute la bourgeoisie**
Ampak vi komunisti bi ustvarili skupnost žensk, kriči vsa
buržoazija v zboru
**La bourgeoisie ne voit en sa femme qu'un instrument de
production**
Buržoazija vidi v svoji ženi zgolj orodje za proizvodnjo
**Il entend dire que les instruments de production doivent
être exploités par tous**
Sliši, da morajo proizvodna orodja izkoriščati vsi
**et, naturellement, il ne peut arriver à aucune autre
conclusion que celle d'être commun à tous retombera
également sur les femmes**
in seveda ne more priti do drugega zaključka, kot da bo usoda
skupnega vsem prav tako pripadla ženskam

**Il ne soupçonne même pas qu'il s'agit en fait d'en finir avec le statut de la femme en tant que simple instrument de production**

Niti ne sumi, da je resnični smisel odpraviti status žensk kot zgolj proizvodnih instrumentov

**Du reste, rien n'est plus ridicule que l'indignation vertueuse de notre bourgeoisie contre la communauté des femmes**

Za ostalo ni nič bolj smešnega kot krepostno ogorčenje naše buržoazije nad skupnostjo žensk

**ils prétendent qu'elle doit être établie ouvertement et officiellement par les communistes**

pretvarjajo se, da so jo odkrito in uradno ustanovili komunisti

**Les communistes n'ont pas besoin d'introduire la communauté des femmes, elle existe depuis des temps immémoriaux**

Komunisti nimajo potrebe po uvajanju skupnosti žensk, obstaja skoraj od nekdaj.

**Notre bourgeoisie ne se contente pas d'avoir à sa disposition les femmes et les filles de ses prolétaires**

Naša buržoazija ni zadovoljna s tem, da ima na razpolago žene in hčere svojih proletarcev

**Ils prennent le plus grand plaisir à séduire les femmes de l'autre**

Najbolj uživajo v zapeljevanju žena drug drugega

**Et cela ne parle même pas des prostituées ordinaires**

In to sploh ne omenjam navadnih prostitutk

**Le mariage bourgeois est en réalité un système d'épouses en commun**

Buržoazna poroka je v resnici sistem skupnih žena

**puis il y a une chose qu'on pourrait peut-être reprocher aux communistes**

potem obstaja ena stvar, ki bi jo komunisti lahko očitali

**Ils souhaitent introduire une communauté de femmes ouvertement légalisée**

želijo uvesti odkrito legalizirano skupnost žensk

plutôt qu'une communauté de femmes hypocritement
dissimulée
namesto hinavsko prikrite skupnosti žensk
la communauté des femmes issues du système de production
skupnost žensk, ki izhaja iz sistema proizvodnje
Abolissez le système de production, et vous abolissez la
communauté des femmes
odpravite sistem proizvodnje in odpravite skupnost žensk
La prostitution publique est abolie et la prostitution privée
odpravljena je javna prostitucija in zasebna prostitucija
On reproche en outre aux communistes de vouloir abolir les
pays et les nationalités
Komunistom se še bolj očita, da želijo ukiniti države in
narodnost
Les travailleurs n'ont pas de patrie, nous ne pouvons donc
pas leur prendre ce qu'ils n'ont pas
Delavci nimajo države, zato jim ne moremo vzeti tistega, česar
nimajo
Le prolétariat doit d'abord acquérir la suprématie politique
Proletariat mora najprej pridobiti politično prevlado
Le prolétariat doit s'élever pour être la classe dirigeante de la
nation
Proletariat se mora povzpeti v vodilni razred naroda
Le prolétariat doit se constituer en nation
Proletariat se mora ustanoviti kot narod
elle est, jusqu'à présent, elle-même nationale, mais pas dans
le sens bourgeois du mot
zaenkrat je tudi sama nacionalna, čeprav ne v buržoaznem
pomenu besede
Les différences nationales et les antagonismes entre les
peuples s'estompent chaque jour davantage
Nacionalne razlike in antagonizmi med narodi vsak dan vse
bolj izginjajo
grâce au développement de la bourgeoisie, à la liberté du
commerce, au marché mondial
zaradi razvoja buržoazije, svobode trgovine, svetovnega trga

à l'uniformité du mode de production et des conditions de
vie qui y correspondent
do izenačenosti načina proizvodnje in življenjskih pogojev, ki
mu ustrezajo
La suprématie du prolétariat les fera disparaître encore plus
vite
Prevlada proletariata bo povzročila, da bodo še hitreje izginili
L'action unie, du moins dans les principaux pays civilisés,
est une des premières conditions de l'émancipation du
prolétariat
Združeno delovanje, vsaj vodilnih civiliziranih držav, je eden
prvih pogojev za emancipacijo proletariata
Dans la mesure où l'exploitation d'un individu par un autre
prendra fin, l'exploitation d'une nation par une autre
prendra également fin à
Sorazmerno z izkoriščanjem enega posameznika s strani
drugega se bo končalo, se bo končalo tudi izkoriščanje enega
naroda s strani drugega
À mesure que l'antagonisme entre les classes à l'intérieur de
la nation disparaîtra, l'hostilité d'une nation envers une
autre prendra fin
Sorazmerno s tem, ko bo sovražnost med razredi znotraj
naroda izginila, se bo sovražnost enega naroda do drugega
končala
Les accusations portées contre le communisme d'un point de
vue religieux, philosophique et, en général, idéologique, ne
méritent pas d'être examinées sérieusement
Obtožbe proti komunizmu z verskega, filozofskega in na
splošno z ideološkega stališča si ne zaslužijo resne preučitve
Faut-il une intuition profonde pour comprendre que les
idées, les vues et les conceptions de l'homme changent à
chaque changement dans les conditions de son existence
matérielle ?
Ali je potrebna globoka intuicija, da bi razumeli, da se
človekove ideje, pogledi in pojmovanja spreminjajo z vsako
spremembo pogojev njegovega materialnega obstoja?

N'est-il pas évident que la conscience de l'homme change lorsque ses relations sociales et sa vie sociale changent ?

Ali ni očitno, da se človekova zavest spremeni, ko se spremenijo njegovi družbeni odnosi in njegovo družbeno življenje?

Qu'est-ce que l'histoire des idées prouve d'autre, sinon que la production intellectuelle change de caractère à mesure que la production matérielle se modifie ?

Kaj drugega dokazuje zgodovina idej, kot da intelektualna proizvodnja spreminja svoj značaj sorazmerno s spreminjanjem materialne proizvodnje?

Les idées dominantes de chaque époque ont toujours été les idées de sa classe dirigeante

Vladajoče ideje vsake dobe so bile vedno ideje vladajočega razreda

Quand on parle d'idées qui révolutionnent la société, on n'exprime qu'un seul fait

Ko ljudje govorijo o idejah, ki revolucionirajo družbo, izražajo le eno dejstvo

Au sein de l'ancienne société, les éléments d'une nouvelle société ont été créés

V stari družbi so bili ustvarjeni elementi nove

et que la dissolution des vieilles idées va de pair avec la dissolution des anciennes conditions d'existence

in da razpad starih idej sledi razkroju starih pogojev obstoja

Lorsque le monde antique était dans ses dernières affresses, les anciennes religions ont été vaincues par le christianisme

Ko je bil starodavni svet v zadnjih mukah, je krščanstvo premagalo starodavne religije

Lorsque les idées chrétiennes ont succombé au XVIIIe siècle aux idées rationalistes, la société féodale a mené une bataille à mort contre la bourgeoisie alors révolutionnaire

Ko so krščanske ideje v 18. stoletju podlegle racionalističnim idejam, se je fevdalna družba borila s takratno revolucionarno buržoazijo

Les idées de liberté religieuse et de liberté de conscience n'ont fait qu'exprimer l'emprise de la libre concurrence dans le domaine de la connaissance

Ideje o verski svobodi in svobodi vesti so le izrazile vpliv svobodne konkurence na področju znanja

« Sans doute, dira-t-on, les idées religieuses, morales, philosophiques et juridiques ont été modifiées au cours du développement historique »

»Nedvomno,« bo rečeno, »so se verske, moralne, filozofske in pravne ideje med zgodovinskim razvojem spremenile«

Mais la religion, la morale, la philosophie, la science politique et le droit ont constamment survécu à ce changement.

"Toda religija, moralna filozofija, politična znanost in pravo so nenehno preživeli to spremembo"

« Il y a aussi des vérités éternelles, telles que la Liberté, la Justice, etc. »

"Obstajajo tudi večne resnice, kot so svoboda, pravičnost itd."

« Ces vérités éternelles sont communes à tous les états de la société »

"Te večne resnice so skupne vsem družbenim stanjem"

« Mais le communisme abolit les vérités éternelles, il abolit toute religion et toute morale »

"Toda komunizem odpravlja večne resnice, odpravlja vso religijo in vso moralo"

« il fait cela au lieu de les constituer sur une nouvelle base »

"to počne, namesto da bi jih sestavil na novi osnovi"

« Elle agit donc en contradiction avec toute l'expérience historique passée »

"Zato deluje v nasprotju z vsemi preteklimi zgodovinskimi izkušnjami"

À quoi se réduit cette accusation ?

Na kaj se ta obtožba omejuje?

L'histoire de toute la société passée a consisté dans le développement d'antagonismes de classe

Zgodovina vse pretekle družbe je bila sestavljena iz razvoja razrednih nasprotij

**antagonismes qui ont pris des formes différentes selon les époques**

antagonizmi, ki so v različnih obdobjih prevzeli različne oblike

**Mais quelle que soit la forme qu'ils aient prise, un fait est commun à tous les âges passés**

Toda ne glede na to, kakšno obliko so imeli, je eno dejstvo skupno vsem preteklim obdobjem

**l'exploitation d'une partie de la société par l'autre**

izkoriščanje enega dela družbe s strani drugega

**Il n'est donc pas étonnant que la conscience sociale des âges passés se meuve à l'intérieur de certaines formes communes ou d'idées générales**

Zato ni čudno, da se družbena zavest preteklih obdobij giblje znotraj določenih skupnih oblik ali splošnih idej

**(et ce, malgré toute la multiplicité et la variété qu'il affiche)**

(in to kljub vsej raznolikosti in raznolikosti, ki jo prikazuje)

**et ceux-ci ne peuvent disparaître complètement qu'avec la disparition totale des antagonismes de classe**

in ti ne morejo popolnoma izginiti, razen s popolnim izginotjem razrednih nasprotij

**La révolution communiste est la rupture la plus radicale avec les rapports de propriété traditionnels**

Komunistična revolucija je najbolj radikalen prelom s tradicionalnimi lastninskimi razmerji

**Il n'est donc pas étonnant que son développement implique la rupture la plus radicale avec les idées traditionnelles**

Nič čudnega, da njegov razvoj vključuje najbolj radikalen prelom s tradicionalnimi idejami

**Mais finissons-en avec les objections de la bourgeoisie contre le communisme**

Toda končajmo z ugovori buržoazije proti komunizmu

**Nous avons vu plus haut le premier pas de la révolution de la classe ouvrière**

Zgoraj smo videli prvi korak v revoluciji delavskega razreda

**Le prolétariat doit être élevé à la position de dirigeant, pour gagner la bataille de la démocratie**

Proletariat je treba dvigniti v položaj vladanja, da bi zmagal v bitki za demokracijo

**Le prolétariat usera de sa suprématie politique pour arracher peu à peu tout le capital à la bourgeoisie**

Proletariat bo uporabil svojo politično prevlado, da bo postopoma iztrgal ves kapital iz buržoazije

**elle centralisera tous les instruments de production entre les mains de l'État**

centralizirala bo vse proizvodne instrumente v rokah države

**En d'autres termes, le prolétariat s'est organisé en classe dominante**

z drugimi besedami, proletariat se je organiziral kot vladajoči razred

**et elle augmentera le plus rapidement possible le total des forces productives**

in čim hitreje bo povečala skupno proizvodno silo

**Bien sûr, au début, cela ne peut se faire qu'au moyen d'incursions despotiques dans les droits de propriété**

Seveda se to na začetku ne more doseči drugače kot z despotskimi posegi v lastninske pravice

**et elle doit être réalisée dans les conditions de la production bourgeoise**

in to je treba doseči v pogojih buržoazijske proizvodnje

**Elle est donc réalisée au moyen de mesures qui semblent économiquement insuffisantes et intenables**

To se torej doseže z ukrepi, ki se zdijo ekonomsko nezadostni in nevzdržni

**mais ces moyens, dans le cours du mouvement, se dépassent d'eux-mêmes**

Toda ta sredstva v teku gibanja presegajo sama sebe

**elles nécessitent de nouvelles incursions dans l'ancien ordre social**

zahtevajo nadaljnje posege v stari družbeni red

et ils sont inévitables comme moyen de révolutionner
entièrement le mode de production
in so neizogibni kot sredstvo za popolno revolucijo načina
proizvodnje
Ces mesures seront bien sûr différentes selon les pays
Ti ukrepi se bodo seveda v različnih državah razlikovali
Néanmoins, dans les pays les plus avancés, ce qui suit sera
assez généralement applicable
Kljub temu bo v najnaprednejših državah na splošno veljalo
naslednje:
1. L'abolition de la propriété foncière et l'affectation de
toutes les rentes foncières à des fins publiques.
1. Odprava premoženja na zemljišču in uporaba vseh
najemnin za zemljišča za javne namene.
2. Un impôt sur le revenu progressif ou progressif lourd.
2. Velik progresivni ali stopnjevani davek na dohodek.
3. Abolition de tout droit d'héritage.
3. Odprava vsakršne pravice do dedovanja.
4. Confiscation des biens de tous les émigrés et rebelles.
4. Zaplemba premoženja vseh izseljencev in upornikov.
5. Centralisation du crédit entre les mains de l'État, au
moyen d'une banque nationale à capital d'État et monopole
exclusif.
5. Centralizacija kreditov v rokah države prek nacionalne
banke z državnim kapitalom in izključnim monopolom.
6. Centralisation des moyens de communication et de
transport entre les mains de l'État.
6. Centralizacija komunikacijskih in prevoznih sredstev v
rokah države.
7. Extension des usines et des instruments de production
appartenant à l'État
7. Razširitev tovarn in proizvodnih instrumentov v lasti
države
la mise en culture des terres incultes, et l'amélioration du sol
en général d'après un plan commun.

obdelovanje odpadnih zemljišč in izboljšanje tal na splošno v
skladu s skupnim načrtom.

**8. Responsabilité égale de tous vis-à-vis du travail**

8. Enaka odgovornost vseh do dela

**Mise en place d'armées industrielles, notamment pour l'agriculture.**

Ustanovitev industrijske vojske, zlasti za kmetijstvo.

**9. Combinaison de l'agriculture et des industries manufacturières**

9. Združevanje kmetijstva s predelovalno industrijo

**l'abolition progressive de la distinction entre la ville et la campagne, par une répartition plus égale de la population sur le territoire.**

postopna odprava razlikovanja med mestom in podeželjem z
bolj enakomerno porazdelitvijo prebivalstva po državi.

**10. Gratuité de l'éducation pour tous les enfants dans les écoles publiques.**

10. Brezplačno izobraževanje za vse otroke v javnih šolah.

**Abolition du travail des enfants dans les usines sous sa forme actuelle**

Odprava tovarniškega dela otrok v sedanji obliki

**Combinaison de l'éducation et de la production industrielle**

Kombinacija izobraževanja z industrijsko proizvodnjo

**Quand, au cours du développement, les distinctions de classe ont disparu**

Ko so med razvojem razredne razlike izginile

**et quand toute la production aura été concentrée entre les mains d'une vaste association de toute la nation**

in ko je bila vsa proizvodnja skoncentrirana v rokah širokega
združenja celotnega naroda

**alors la puissance publique perdra son caractère politique**

Potem bo javna oblast izgubila svoj politični značaj

**Le pouvoir politique, proprement dit, n'est que le pouvoir organisé d'une classe pour en opprimer une autre**

Politična moč, pravilno imenovana, je le organizirana moč
enega razreda za zatiranje drugega

**Si le prolétariat, dans sa lutte contre la bourgeoisie, est contraint, par la force des choses, de s'organiser en classe**
Če je proletariat med svojim tekmovanjem z buržoazijo prisiljen zaradi sile okoliščin organizirati se kot razred
**si, par une révolution, elle se fait la classe dominante**
če se z revolucijo spremeni v vladajoči razred
**et, en tant que telle, elle balaie par la force les anciennes conditions de production**
in kot taka s silo odstrani stare proizvodne pogoje
**alors, avec ces conditions, elle aura balayé les conditions d'existence des antagonismes de classes et des classes en général**
potem bo skupaj s temi pogoji odstranila pogoje za obstoj razrednih nasprotij in razredov na splošno
**et aura ainsi aboli sa propre suprématie en tant que classe.**
in bo s tem odpravila svojo lastno prevlado kot razred.
**A la place de l'ancienne société bourgeoise, avec ses classes et ses antagonismes de classes, nous aurons une association**
Namesto stare buržoazne družbe z njenimi razredi in razrednimi nasprotji bomo imeli združenje
**une association dans laquelle le libre développement de chacun est la condition du libre développement de tous**
združenje, v katerem je svoboden razvoj vsakega pogoj za svoboden razvoj vseh

### 1) Le socialisme réactionnaire
1) Reakcionarni socializem

### a) Le socialisme féodal
a) Fevdalni socializem

**les aristocraties de France et d'Angleterre avaient une position historique unique**
aristokracije Francije in Anglije so imele edinstven zgodovinski položaj
**c'est devenu leur vocation d'écrire des pamphlets contre la société bourgeoise moderne**
postala je njihova poklicanost, da pišejo brošure proti sodobni buržoazni družbi
**Dans la révolution française de juillet 1830 et dans l'agitation réformiste anglaise**
V francoski revoluciji julija 1830 in v angleški reformni agitaciji
**Ces aristocraties succombèrent de nouveau à l'odieux parvenu**
Te aristokracije so spet podlegle sovražnemu začetniku
**Dès lors, il n'était plus question d'une lutte politique sérieuse**
Od takrat naprej resno politično tekmovanje sploh ne pride v poštev
**Tout ce qui restait possible, c'était une bataille littéraire, pas une véritable bataille**
Vse, kar je ostalo mogoče, je bila literarna bitka, ne dejanska bitka
**Mais même dans le domaine de la littérature, les vieux cris de la période de la restauration étaient devenus impossibles**
Toda tudi na področju literature so stari kriki iz obdobja obnove postali nemogoči
**Pour s'attirer la sympathie, l'aristocratie était obligée de perdre de vue, semble-t-il, ses propres intérêts**

Da bi vzbudila sočutje, je bila aristokracija prisiljena pozabiti na svoje interese

**et ils ont été obligés de formuler leur réquisitoire contre la bourgeoisie dans l'intérêt de la classe ouvrière exploitée**

in morali so oblikovati svojo obtožnico proti buržoaziji v interesu izkoriščanega delavskega razreda

**C'est ainsi que l'aristocratie prit sa revanche en chantant des pamphlets sur son nouveau maître**

Tako se je aristokracija maščevala s petjem posmehov svojemu novemu gospodarju

**et ils prirent leur revanche en lui murmurant à l'oreille de sinistres prophéties de catastrophe à venir**

in maščevali so se tako, da so mu v ušesa šepetali zlovešče prerokbe o prihajajoči katastrofi

**C'est ainsi qu'est né le socialisme féodal : moitié lamentation, moitié moquerie**

Tako je nastal fevdalni socializem: napol žalovanje, napol poniževanje

**Il sonnait comme un demi-écho du passé, et projetait une demi-menace de l'avenir**

odmeval je kot pol odmev preteklosti in napol projiciral grožnjo prihodnosti

**parfois, par sa critique acerbe, spirituelle et incisive, il frappait la bourgeoisie au plus profond de lui-même**

včasih je s svojo grenko, duhovito in ostro kritiko udaril buržoazijo do samega srca

**mais elle a toujours été ridicule dans son effet, par l'incapacité totale de comprendre la marche de l'histoire moderne**

vendar je bil vedno smešen v svojem učinku, zaradi popolne nezmožnosti, da bi razumel pohod sodobne zgodovine

**L'aristocratie, pour rallier le peuple à elle, agitait le sac d'aumône prolétarien en guise de bannière**

Aristokracija, da bi zbrala ljudstvo, je spredaj mahala s proletarsko miloščino za prapor

**Mais le peuple, toutes les fois qu'il se joignait à lui, voyait sur son arrière-train les anciennes armoiries féodales**

Toda ljudstvo je tako pogosto, ko se jim je pridružilo, na zadnjem delu videlo stare fevdalne grbe

**et ils désertèrent avec des rires bruyants et irrévérencieux**

in dezertirali so z glasnim in nespoštljivim smehom

**Une partie des légitimistes français et de la « Jeune Angleterre » offrit ce spectacle**

En del francoskih legitimistov in "Mlade Anglije" je razstavljal ta spektakel

**les féodaux ont fait remarquer que leur mode d'exploitation était différent de celui de la bourgeoisie**

fevdalisti so poudarili, da je njihov način izkoriščanja drugačen od načina buržoazije

**Les féodaux oublient qu'ils ont exploité dans des circonstances et des conditions tout à fait différentes**

Fevdalisti pozabljajo, da so izkoriščali v okoliščinah in pogojih, ki so bili precej drugačni

**Et ils n'ont pas remarqué que de telles méthodes d'exploitation sont maintenant désuètes**

In niso opazili, da so takšne metode izkoriščanja zdaj zastarele

**Ils ont montré que, sous leur domination, le prolétariat moderne n'a jamais existé**

Pokazali so, da pod njihovo vladavino sodobni proletariat nikoli ni obstajal

**mais ils oublient que la bourgeoisie moderne est le produit nécessaire de leur propre forme de société**

vendar pozabljajo, da je sodobna buržoazija nujen potomec njihove lastne oblike družbe

**Pour le reste, ils dissimulent à peine le caractère réactionnaire de leur critique**

Za ostalo komaj skrivajo reakcionarni značaj svoje kritike

**Leur principale accusation contre la bourgeoisie se résume à ceci**

njihova glavna obtožba proti buržoaziji je naslednja

**sous le régime bourgeois, une classe sociale se développe**

pod buržoaznim režimom se razvija družbeni razred
**Cette classe sociale est destinée à découper de fond en comble l'ancien ordre de la société**
temu družbenemu razredu je usojeno, da razreže korenine in razveje stari družbeni red
**Ce qu'ils reprochent à la bourgeoisie, ce n'est pas tant qu'elle crée un prolétariat**
Z čim grajajo buržoazijo, ni toliko to, da ustvarja proletariat
**ce qu'ils reprochent à la bourgeoisie, c'est plutôt de créer un prolétariat révolutionnaire**
s čimer grajajo buržoazijo, je še bolj, da ustvarja revolucionarni proletariat
**Dans la pratique politique, ils se joignent donc à toutes les mesures coercitives contre la classe ouvrière**
V politični praksi se zato pridružujejo vsem prisilnim ukrepom proti delavskemu razredu
**Et dans la vie ordinaire, malgré leurs phrases hautaines, ils s'abaissent à ramasser les pommes d'or tombées de l'arbre de l'industrie**
in v vsakdanjem življenju se kljub svojim vzvišenim stavkom sklonijo, da bi pobrali zlata jabolka, ki so padla z drevesa industrije
**et ils troquent la vérité, l'amour et l'honneur contre le commerce de la laine, du sucre de betterave et de l'eau-de-vie de pommes de terre**
in menjajo resnico, ljubezen in čast za trgovino z volno, sladkorjem iz rdeče pese in žganjem krompirja
**De même que le pasteur a toujours marché main dans la main avec le propriétaire foncier, il en a été de même du socialisme clérical et du socialisme féodal**
Tako kot je župnik vedno šel z roko v roki z lastnikom, je tudi klerikalni socializem s fevdalnim socializmom
**Rien n'est plus facile que de donner à l'ascétisme chrétien une teinte socialiste**
Nič ni lažjega kot dati krščanskemu asketizmu socialistični pridih

**Le christianisme n'a-t-il pas déclamé contre la propriété privée, contre le mariage, contre l'État ?**

Ali ni krščanstvo proti zasebni lastnini, proti poroki, proti državi?

**Le christianisme n'a-t-il pas prêché à la place de la charité et de la pauvreté ?**

Ali ni krščanstvo pridigalo namesto teh, ljubezni in revščine?

**Le christianisme ne prêche-t-il pas le célibat et la mortification de la chair, de la vie monastique et de l'Église mère ?**

Ali krščanstvo ne pridiga o celibatu in mrtvičenju mesa, meniškem življenju in materi Cerkvi?

**Le socialisme chrétien n'est que l'eau bénite avec laquelle le prêtre consacre les brûlures du cœur de l'aristocrate**

Krščanski socializem je le sveta voda, s katero duhovnik posvećuje goreče srce aristokrata

**b) Le socialisme petit-bourgeois**
b) Maloburžoazni socializem

**L'aristocratie féodale n'est pas la seule classe ruinée par la bourgeoisie**
Fevdalna aristokracija ni bila edini razred, ki ga je uničila buržoazija
**ce n'était pas la seule classe dont les conditions d'existence languissaient et périssaient dans l'atmosphère de la société bourgeoise moderne**
ni bil edini razred, katerega pogoji obstoja so hrepeneli in izginili v ozračju sodobne buržoazne družbe
**Les bourgeois médiévaux et les petits propriétaires paysans ont été les précurseurs de la bourgeoisie moderne**
Srednjeveški meščani in mali kmečki lastniki so bili predhodniki sodobne buržoazije
**Dans les pays peu développés, tant au point de vue industriel que commercial, ces deux classes végètent encore côte à côte**
V tistih državah, ki so industrijsko in komercialno le malo razvite, ta dva razreda še vedno vegetirata drug ob drugem
**et pendant ce temps, la bourgeoisie se lève à côté d'eux : industriellement, commercialement et politiquement**
medtem pa se poleg njih dvigne buržoazija: industrijsko, komercialno in politično
**Dans les pays où la civilisation moderne s'est pleinement développée, une nouvelle classe de petite bourgeoisie s'est formée**
V državah, kjer je sodobna civilizacija postala popolnoma razvita, se je oblikoval nov razred drobne buržoazije
**cette nouvelle classe sociale oscille entre le prolétariat et la bourgeoisie**
ta novi družbeni razred niha med proletariatom in buržoazijo
**et elle se renouvelle sans cesse en tant que partie supplémentaire de la société bourgeoise**
in se vedno obnavlja kot dopolnilni del buržoazne družbe

**Cependant, les membres individuels de cette classe sont constamment précipités dans le prolétariat**
Posamezni člani tega razreda pa so nenehno vrženi v proletariat
**ils sont aspirés par le prolétariat par l'action de la concurrence**
Proletariat jih sesa z delovanjem konkurence
**Au fur et à mesure que l'industrie moderne se développe, ils voient même approcher le moment où ils disparaîtront complètement en tant que section indépendante de la société moderne**
Ko se sodobna industrija razvija, se približuje celo trenutek, ko bodo popolnoma izginili kot neodvisen del sodobne družbe
**ils seront remplacés, dans les manufactures, l'agriculture et le commerce, par des surveillants, des huissiers et des boutiquiers**
v manufakturah, kmetijstvu in trgovini jih bodo nadomestili nadzorniki, sodni izvršitelji in trgovci
**Dans des pays comme la France, où les paysans représentent bien plus de la moitié de la population**
V državah, kot je Francija, kjer kmetje predstavljajo veliko več kot polovico prebivalstva
**il était naturel qu'il y ait des écrivains qui se rangent du côté du prolétariat contre la bourgeoisie**
naravno je bilo, da obstajajo pisatelji, ki so se postavili na stran proletariata proti buržoaziji
**dans leur critique du régime bourgeois, ils utilisaient l'étendard de la bourgeoisie paysanne et de la petite bourgeoisie**
v svoji kritiki buržoaznega režima so uporabili standard kmečke in drobne buržoazije
**et, du point de vue de ces classes intermédiaires, ils prennent le relais de la classe ouvrière**
in s stališča teh vmesnih razredov prevzamejo palico za delavski razred

C'est ainsi qu'est né le socialisme petit-bourgeois, dont Sismondi était le chef de cette école, non seulement en France, mais aussi en Angleterre

Tako je nastal maloburžoazni socializem, katerega vodja je bil Sismondi v tej šoli, ne samo v Franciji, ampak tudi v Angliji

**Cette école du socialisme a disséqué avec une grande acuité les contradictions des conditions de la production moderne**

Ta šola socializma je z veliko ostrino secirala protislovja v pogojih sodobne proizvodnje

**Cette école a mis à nu les excuses hypocrites des économistes**

Ta šola je razkrila hinavska opravičila ekonomistov

**Cette école prouva sans conteste les effets désastreux du machinisme et de la division du travail**

Ta šola je nesporno dokazala katastrofalne učinke strojev in delitve dela

**elle prouvait la concentration du capital et de la terre entre quelques mains**

dokazal je koncentracijo kapitala in zemlje v nekaj rokah

**elle a prouvé comment la surproduction conduit à des crises bourgeoises**

dokazalo je, kako prekomerna proizvodnja vodi v buržoazijske krize

**il soulignait la ruine inévitable de la petite bourgeoisie et des paysans**

opozoril je na neizogiben propad drobne buržoazije in kmetov

**la misère du prolétariat, l'anarchie de la production, les inégalités criantes dans la répartition des richesses**

beda proletariata, anarhija v proizvodnji, kričeče neenakosti pri porazdelitvi bogastva

**Il a montré comment le système de production mène la guerre industrielle d'extermination entre les nations**

Pokazal je, kako proizvodni sistem vodi industrijsko vojno za iztrebljanje med narodi

**la dissolution des vieux liens moraux, des vieilles relations familiales, des vieilles nationalités**

razpad starih moralnih vezi, starih družinskih odnosov, starih narodnosti

**Dans ses objectifs positifs, cependant, cette forme de socialisme aspire à réaliser l'une des deux choses suivantes**
V svojih pozitivnih ciljih pa si ta oblika socializma prizadeva doseči eno od dveh stvari

**soit elle vise à restaurer les anciens moyens de production et d'échange**
ali je njen cilj obnoviti stara proizvodna in menjalna sredstva

**et avec les anciens moyens de production, elle rétablirait les anciens rapports de propriété et l'ancienne société**
in s starimi proizvodnimi sredstvi bi obnovila stara lastninska razmerja in staro družbo

**ou bien elle vise à enfermer les moyens modernes de production et d'échange dans l'ancien cadre des rapports de propriété**
ali pa si prizadeva sodobna proizvodna in menjalna sredstva stisniti v stari okvir lastninskih razmerij

**Dans un cas comme dans l'autre, elle est à la fois réactionnaire et utopique**
V obeh primerih je reakcionarna in utopična

**Ses derniers mots sont : guildes corporatives pour la fabrication, relations patriarcales dans l'agriculture**
Njegove zadnje besede so: korporativni cehi za proizvodnjo, patriarhalni odnosi v kmetijstvu

**En fin de compte, lorsque les faits historiques obstinés ont dispersé tous les effets enivrants de l'auto-tromperie**
Konec koncev, ko so trmasta zgodovinska dejstva razpršila vse opojne učinke samoprevare

**cette forme de socialisme se termina par un misérable accès de pitié**
ta oblika socializma se je končala z bednim napadom usmiljenja

## c) Le socialisme allemand, ou « vrai »
c) nemški ali »pravi« socializem

**La littérature socialiste et communiste de France est née sous la pression d'une bourgeoisie au pouvoir**
Socialistična in komunistična literatura Francije je nastala pod pritiskom buržoazije na oblasti
**Et cette littérature était l'expression de la lutte contre ce pouvoir**
in ta literatura je bila izraz boja proti tej moči
**elle a été introduite en Allemagne à une époque où la bourgeoisie venait de commencer sa lutte contre l'absolutisme féodal**
v Nemčijo je bila uvedena v času, ko je buržoazija šele začela tekmovati s fevdalnim absolutizmom
**Les philosophes allemands, les prétendus philosophes et les beaux esprits, s'emparèrent avidement de cette littérature**
Nemški filozofi, bodoči filozofi in lepi duhovi so se navdušeno lotili te literature
**mais ils oubliaient que les écrits avaient émigré de France en Allemagne sans apporter avec eux les conditions sociales françaises**
vendar so pozabili, da so se spisi priselili iz Francije v Nemčijo, ne da bi s seboj pripeljali francoske socialne razmere
**Au contact des conditions sociales allemandes, cette littérature française perd toute sa signification pratique immédiate**
V stiku z nemškimi družbenimi razmerami je ta francoska literatura izgubila ves svoj neposredni praktični pomen
**et la littérature communiste de France a pris un aspect purement littéraire dans les cercles académiques allemands**
in komunistična literatura Francije je v nemških akademskih krogih prevzela čisto literarni vidik
**Ainsi, les exigences de la première Révolution française n'étaient rien d'autre que les exigences de la « raison pratique »**

Tako zahteve prve francoske revolucije niso bile nič drugega
kot zahteve »praktičnega razuma«
**et l'expression de la volonté de la bourgeoisie française
révolutionnaire signifiait à leurs yeux la loi de la volonté
pure**
in izrek volje revolucionarne francoske buržoazije je v njihovih
očeh pomenil zakon čiste volje
**il signifiait la Volonté telle qu'elle devait être ; de la vraie
Volonté humaine en général**
pomenila je voljo, kakršna je morala biti; resnične človeške
volje na splošno
**Le monde des lettrés allemands ne consistait qu'à mettre les
nouvelles idées françaises en harmonie avec leur ancienne
conscience philosophique**
Svet nemških literatov je bil sestavljen izključno iz tega, da so
nove francoske ideje uskladili z njihovo starodavno filozofsko
vestjo
**ou plutôt, ils ont annexé les idées françaises sans déserter
leur propre point de vue philosophique**
ali bolje, priključili so francoske ideje, ne da bi zapustili svoje
filozofsko stališče
**Cette annexion s'est faite de la même manière que l'on
s'approprie une langue étrangère, c'est-à-dire par la
traduction**
Ta priključitev je bila izvedena na enak način, kot si je
prisvojen tuji jezik, in sicer s prevodom
**Il est bien connu comment les moines ont écrit des vies
stupides de saints catholiques sur des manuscrits**
Znano je, kako so menihi nad rokopisi pisali neumna življenja
katoliških svetnikov
**les manuscrits sur lesquels les œuvres classiques de l'ancien
paganisme avaient été écrites**
rokopisi, na katerih so bila napisana klasična dela
starodavnega poganstva
**Les lettrés allemands ont inversé ce processus avec la
littérature française profane**

Nemški literati so ta proces obrnili s profano francosko
literaturo
**Ils ont écrit leurs absurdités philosophiques sous l'original
français**
Svoj filozofski nesmisel so napisali pod francoskim izvirnikom
**Par exemple, sous la critique française des fonctions
économiques de l'argent, ils ont écrit « L'aliénation de
l'humanité »**
Na primer, pod francosko kritiko ekonomskih funkcij denarja
so napisali "Odtujitev človeštva"
**au-dessous de la critique française de l'État bourgeois, ils
écrivaient « détrônement de la catégorie du général »**
pod francosko kritiko buržoazne države so napisali
»detronizacijo kategorije generala«
**L'introduction de ces phrases philosophiques à la fin des
critiques historiques françaises qu'ils ont baptisées :**
Uvedba teh filozofskih fraz na zadnji strani francoske
zgodovinske kritike, ki so jo poimenovali:
**« Philosophie de l'action », « Vrai socialisme », « Science
allemande du socialisme », « Fondement philosophique du
socialisme », etc**
"Filozofija delovanja", "Pravi socializem", "Nemška znanost
socializma", "Filozofski temelji socializma" in tako naprej
**La littérature socialiste et communiste française est ainsi
complètement émasculée**
Francoska socialistična in komunistična literatura je bila tako
popolnoma izčrpana
**entre les mains des philosophes allemands, elle cessa
d'exprimer la lutte d'une classe contre l'autre**
v rokah nemških filozofov je prenehal izražati boj enega
razreda z drugim
**et c'est ainsi que les philosophes allemands se sentaient
conscients d'avoir surmonté « l'unilatéralité française »**
in tako so se nemški filozofi zavedali, da so premagali
»francosko enostranskost«

**Il n'avait pas à représenter de vraies exigences, mais plutôt des exigences de vérité**
ni bilo treba, da predstavlja resnične zahteve, temveč je predstavljal zahteve resnice
**il n'y avait pas d'intérêt pour le prolétariat, mais plutôt pour la nature humaine**
ni bilo zanimanja za proletariat, temveč za človeško naravo
**l'intérêt était dans l'Homme en général, qui n'appartient à aucune classe et n'a pas de réalité**
zanimanje je bilo za človeka na splošno, ki ne pripada nobenemu razredu in nima resničnosti
**un homme qui n'existe que dans le royaume brumeux de la fantaisie philosophique**
človek, ki obstaja samo v meglenem kraljestvu filozofske fantazije
**mais finalement, ce socialisme allemand d'écolier perdit aussi son innocence pédante**
toda sčasoma je tudi ta šolarski nemški socializem izgubil svojo pedantno nedolžnost
**la bourgeoisie allemande, et surtout la bourgeoisie prussienne, luttait contre l'aristocratie féodale**
nemška buržoazija, zlasti pruska buržoazija, pa se je borila proti fevdalni aristokraciji.
**la monarchie absolue de l'Allemagne et de la Prusse était également combattue**
absolutna monarhija Nemčije in Prusije je bila prav tako proti
**Et à son tour, la littérature du mouvement libéral est également devenue plus sérieuse**
in po drugi strani je tudi literatura liberalnega gibanja postala bolj resna
**L'Allemagne a eu l'occasion longtemps souhaitée par le « vrai » socialisme de se voir offrir**
Nemški dolgo želena priložnost za »pravi« socializem je bila ponujena
**l'occasion de confronter le mouvement politique aux revendications socialistes**

priložnost za soočenje političnega gibanja s socialističnimi zahtevami

**l'occasion de jeter les anathèmes traditionnels contre le libéralisme**

priložnost za metanje tradicionalnih prekletstev proti liberalizmu

**l'occasion d'attaquer le gouvernement représentatif et la concurrence bourgeoise**

priložnost za napad na predstavniško vlado in buržoazno konkurenco

**Liberté de la presse bourgeoise, législation bourgeoise, liberté et égalité bourgeoise**

Buržoazna svoboda tiska, buržoazna zakonodaja, buržoazna svoboda in enakost

**Tout cela pourrait maintenant être critiqué dans le monde réel, plutôt que dans la fantaisie**

Vse to bi zdaj lahko kritizirali v resničnem svetu, ne pa v fantaziji

**L'aristocratie féodale et la monarchie absolue prêchaient depuis longtemps aux masses**

fevdalna aristokracija in absolutna monarhija sta že dolgo pridigali množicam

**« L'ouvrier n'a rien à perdre, et il a tout à gagner »**

»Delavec nima ničesar izgubiti in lahko pridobi vse«

**le mouvement bourgeois offrait aussi une chance de se confronter à ces platitudes**

buržoazno gibanje je ponudilo tudi priložnost za soočenje s temi puhlimi besedami

**la critique française présupposait l'existence d'une société bourgeoise moderne**

francoska kritika je predpostavljala obstoj sodobne buržoazne družbe

**Conditions économiques d'existence de la bourgeoisie et constitution politique de la bourgeoisie**

Buržoazijski ekonomski pogoji obstoja in buržoazna politična ustava

**les choses mêmes dont la réalisation était l'objet de la lutte imminente en Allemagne**
prav tiste stvari, katerih doseganje je bilo predmet nenešenega boja v Nemčiji
**L'écho stupide du socialisme en Allemagne a abandonné ces objectifs juste à temps**
Nemški neumni odmev socializma je te cilje opustil ravno ob pravem času
**Les gouvernements absolus avaient leur suite de pasteurs, de professeurs, d'écuyers de campagne et de fonctionnaires**
Absolutne vlade so imele svoje privržence župnike, profesorje, podeželske veverice in uradnike
**le gouvernement de l'époque a répondu aux soulèvements de la classe ouvrière allemande par des coups de fouet et des balles**
takratna vlada je nemške delavske vstaje sprejela s bičanjem in naboji
**pour eux, ce socialisme était un épouvantail bienvenu contre la bourgeoisie menaçante**
zanje je ta socializem služil kot dobrodošlo strašilo proti grozeči buržoaziji
**et le gouvernement allemand a pu offrir un dessert sucré après les pilules amères qu'il a distribuées**
nemška vlada pa je lahko ponudila sladko sladico po grenkih tabletah, ki jih je razdelila
**ce « vrai » socialisme servait donc aux gouvernements d'arme pour combattre la bourgeoisie allemande**
ta »pravi« socializem je tako služil vladam kot orožje za boj proti nemški buržoaziji
**et, en même temps, il représentait directement un intérêt réactionnaire ; celle des Philistins allemands**
hkrati pa je neposredno predstavljal reakcionarni interes; Nemški Filistejci
**En Allemagne, la petite bourgeoisie est la véritable base sociale de l'état de choses actuel**

V Nemčiji je razred drobne buržoazije resnična družbena osnova obstoječega stanja stvari

**une relique du XVIe siècle qui n'a cessé de surgir sous diverses formes**

relikvija šestnajstega stoletja, ki se nenehno pojavlja v različnih oblikah

**Conserver cette classe, c'est préserver l'état de choses existant en Allemagne**

Ohraniti ta razred pomeni ohraniti obstoječe stanje v Nemčiji

**La suprématie industrielle et politique de la bourgeoisie menace la petite bourgeoisie d'une destruction certaine**

Industrijska in politična prevlada buržoazije grozi drobni buržoaziji z gotovim uničenjem

**d'une part, elle menace de détruire la petite bourgeoisie par la concentration du capital**

po eni strani grozi, da bo s koncentracijo kapitala uničila drobno buržoazijo

**d'autre part, la bourgeoisie menace de la détruire par l'avènement d'un prolétariat révolutionnaire**

po drugi strani pa buržoazija grozi, da jo bo uničila z vzponom revolucionarnega proletariata

**Le « vrai » socialisme semblait faire d'une pierre deux coups. Il s'est répandu comme une épidémie**

Zdi se, da je "pravi" socializem ubil ti dve ptici z enim kamnom. Razširila se je kot epidemija

**La robe de toiles d'araignées spéculatives, brodée de fleurs de rhétorique, trempée dans la rosée du sentiment maladif**

Obleka špekulativne pajčevine, vezena s cvetovi retorike, prežeta z roso bolnih čustev

**cette robe transcendantale dans laquelle les socialistes allemands enveloppaient leurs tristes « vérités éternelles »**

ta transcendentalna obleka, v katero so nemški socialisti zavili svoje žalostne »večne resnice«

**tout de peau et d'os, servaient à augmenter merveilleusement la vente de leurs marchandises auprès d'un public aussi**

vso kožo in kosti, ki so čudovito povečale prodajo njihovega blaga med takšno javnostjo

**Et de son côté, le socialisme allemand reconnaissait de plus en plus sa propre vocation**

Nemški socializem pa je vedno bolj priznaval svoj poklic

**on l'appelait à être le représentant grandiloquent de la petite-bourgeoisie philistine**

imenovali so ga, da je bombastični predstavnik maloburžoaznega filistejca

**Il proclamait que la nation allemande était la nation modèle, et le petit philistin allemand l'homme modèle**

Nemški narod je razglasil za vzorni narod in nemškega drobnega Filistejca za vzornega človeka

**À chaque méchanceté de cet homme modèle, elle donnait une interprétation socialiste cachée, plus élevée**

Vsaki zlobni zlobnosti tega vzornega človeka je dala skrito, višjo, socialistično razlago

**cette interprétation socialiste supérieure était l'exact contraire de son caractère réel**

ta višja, socialistična razlaga je bila ravno nasprotje njenega resničnega značaja

**Il est allé jusqu'à s'opposer directement à la tendance « brutalement destructrice » du communisme**

Šel je do skrajnosti, da je neposredno nasprotoval "brutalno uničujoči" težnji komunizma

**et il proclamait son mépris suprême et impartial de toutes les luttes de classes**

in razglasil je svoj vrhovni in nepristranski prezir do vseh razrednih bojev

**À de très rares exceptions près, toutes les publications dites socialistes et communistes qui circulent aujourd'hui (1847) en Allemagne appartiennent au domaine de cette littérature nauséabonde et énervante**

Z zelo redkimi izjemami vse tako imenovane socialistične in komunistične publikacije, ki zdaj (1847) krožijo po Nemčiji, spadajo v domeno te umazane in izčrpavajoče literature

**2) Le socialisme conservateur ou le socialisme bourgeois**
2) konservativni socializem ali buržoazijski socializem

**Une partie de la bourgeoisie est désireuse de redresser les griefs sociaux**
Del buržoazije si želi odpraviti družbene zamere
**afin d'assurer la pérennité de la société bourgeoise**
da bi zagotovili nadaljnji obstoj buržoazne družbe
**C'est à cette section qu'appartiennent les économistes, les philanthropes, les humanitaires**
V to poglavje spadajo ekonomisti, filantropi, človekoljubci
**améliorateurs de la condition de la classe ouvrière et organisateurs de la charité**
izboljševalci položaja delavskega razreda in organizatorji dobrodelnosti
**membres des sociétés de prévention de la cruauté envers les animaux**
člani društev za preprečevanje krutosti do živali
**fanatiques de la tempérance, réformateurs de toutes sortes imaginables**
fanatiki zmernosti, reformatorji lukenj in vogalov vseh možnih vrst
**Cette forme de socialisme a, d'ailleurs, été élaborée en systèmes complets**
Poleg tega je bila ta oblika socializma razvita v popolne sisteme
**On peut citer la « Philosophie de la Misère » de Proudhon comme exemple de cette forme**
Kot primer te oblike lahko navedemo Proudhonovo "Philosophie de la Misère"
**La bourgeoisie socialiste veut tous les avantages des conditions sociales modernes**
Socialistična buržoazija želi vse prednosti sodobnih družbenih razmer
**mais la bourgeoisie socialiste ne veut pas nécessairement des luttes et des dangers qui en résultent**

vendar socialistična buržoazija ne želi nujno posledičnih bojev
in nevarnosti

**Ils désirent l'état actuel de la société, sans ses éléments
révolutionnaires et désintégrateurs**

Želijo si obstoječega stanja družbe, brez njenih
revolucionarnih in razpadajočih elementov

**c'est-à-dire qu'ils veulent une bourgeoisie sans prolétariat**

z drugimi besedami, želijo buržoazijo brez proletariata

**La bourgeoisie conçoit naturellement le monde dans lequel
elle est souveraine d'être la meilleure**

Buržoazija si naravno dojema svet, v katerem je najvišja biti
najboljša

**et le socialisme bourgeois développe cette conception
confortable en divers systèmes plus ou moins complets**

in buržoazijski socializem razvija to udobno pojmovanje v
različne bolj ali manj popolne sisteme

**ils voudraient beaucoup que le prolétariat marche droit dans
la Nouvelle Jérusalem sociale**

zelo bi si želeli, da bi proletariat takoj vkorakal v socialni Novi
Jeruzalem

**Mais en réalité, elle exige du prolétariat qu'il reste dans les
limites de la société existante**

v resnici pa zahteva, da proletariat ostane v mejah obstoječe
družbe

**ils demandent au prolétariat de se débarrasser de toutes ses
idées haineuses sur la bourgeoisie**

od proletariata zahtevajo, naj zavrže vse njihove sovražne
ideje o buržoaziji

**il y a une seconde forme plus pratique, mais moins
systématique, de ce socialisme**

obstaja še druga, bolj praktična, vendar manj sistematična
oblika tega socializma

**Cette forme de socialisme cherchait à déprécier tout
mouvement révolutionnaire aux yeux de la classe ouvrière**

Ta oblika socializma je poskušala razvrednotiti vsako
revolucionarno gibanje v očeh delavskega razreda

**Ils soutiennent qu'aucune simple réforme politique ne pourrait leur être d'un quelconque avantage**

trdijo, da jim nobena politična reforma ne bi mogla biti koristna

**Seul un changement dans les conditions matérielles d'existence dans les relations économiques est bénéfique**

koristi le sprememba materialnih pogojev obstoja v gospodarskih odnosih

**Comme le communisme, cette forme de socialisme prône un changement des conditions matérielles d'existence**

Tako kot komunizem se tudi ta oblika socializma zavzema za spremembo materialnih pogojev obstoja

**Cependant, cette forme de socialisme ne suggère nullement l'abolition des rapports de production bourgeois**

vendar ta oblika socializma nikakor ne kaže na odpravo buržoaznih proizvodnih razmerij

**l'abolition des rapports de production bourgeois ne peut se faire que par la révolution**

odpravo buržoaznih proizvodnih odnosov je mogoče doseči le z revolucijo

**Mais au lieu d'une révolution, cette forme de socialisme suggère des réformes administratives**

Toda namesto revolucije ta oblika socializma predlaga upravne reforme

**et ces réformes administratives seraient fondées sur la pérennité de ces relations**

in te upravne reforme bi temeljile na nadaljnjem obstoju teh odnosov

**réformes qui n'affectent en rien les rapports entre le capital et le travail**

reforme, ki torej v nobenem pogledu ne vplivajo na odnose med kapitalom in delom

**au mieux, de telles réformes réduisent le coût et simplifient le travail administratif du gouvernement bourgeois**

v najboljšem primeru takšne reforme zmanjšajo stroške in poenostavijo upravno delo buržoazne vlade

**Le socialisme bourgeois atteint une expression adéquate
lorsque, et seulement lorsque, il devient une simple figure
de style**

Buržoazni socializem doseže ustrezen izraz, ko in samo takrat,
ko postane zgolj govorna figura

**Le libre-échange : au profit de la classe ouvrière**

Prosta trgovina: v korist delavskega razreda

**Les devoirs protecteurs : au profit de la classe ouvrière**

Zaščitne dolžnosti: v korist delavskega razreda

**Réforme pénitentiaire : au profit de la classe ouvrière**

Reforma zaporov: v korist delavskega razreda

**C'est le dernier mot et le seul mot sérieux du socialisme
bourgeois**

To je zadnja beseda in edina resno mišljena beseda
buržoaznega socializma

**Elle se résume dans la phrase : la bourgeoisie est une
bourgeoisie au profit de la classe ouvrière**

Povzeto je v stavku: buržoazija je buržoazija v korist
delavskega razreda

## 3) Socialisme et communisme utopiques critiques
## 3) Kritično-utopični socializem in komunizem

**Nous ne nous référons pas ici à la littérature qui a toujours donné la parole aux revendications du prolétariat**
Tukaj se ne sklicujemo na tisto literaturo, ki je vedno dajala glas zahtevam proletariata

**cela a été présent dans toutes les grandes révolutions modernes, comme les écrits de Babeuf et d'autres**
to je bilo prisotno v vsaki veliki sodobni revoluciji, kot so spisi Babeufa in drugih

**Les premières tentatives directes du prolétariat pour parvenir à ses propres fins échouèrent nécessairement**
Prvi neposredni poskusi proletariata, da bi dosegel svoje cilje, so nujno propadli

**Ces tentatives ont été faites dans des temps d'effervescence universelle, lorsque la société féodale était renversée**
Ti poskusi so bili narejeni v času vsesplošnega vznemirjenja, ko je bila fevdalna družba strmoglavljena

**L'état alors peu développé du prolétariat a conduit à l'échec de ces tentatives**
Takrat nerazvito stanje proletariata je pripeljalo do neuspeha teh poskusov

**et ils ont échoué en raison de l'absence des conditions économiques pour son émancipation**
in propadli so zaradi odsotnosti gospodarskih pogojev za njegovo emancipacijo

**conditions qui n'avaient pas encore été produites, et qui ne pouvaient être produites que par l'époque de la bourgeoisie**
pogoji, ki jih je bilo treba še ustvariti in bi jih lahko ustvarila samo bližajoča se buržoazna doba

**La littérature révolutionnaire qui accompagnait ces premiers mouvements du prolétariat avait nécessairement un caractère réactionnaire**
Revolucionarna literatura, ki je spremljala ta prva gibanja proletariata, je imela nujno reakcionarni značaj

**Cette littérature inculquait l'ascétisme universel et le nivellement social dans sa forme la plus grossière**
Ta literatura je vcepila univerzalno askezo in družbeno izravnavo v svoji najbolj surovi obliki
**Les systèmes socialistes et communistes, proprement dits, naissent au début de la période sous-développée**
Socialistični in komunistični sistemi, pravilno imenovani, so nastali v zgodnjem nerazvitem obdobju
**Saint-Simon, Fourier, Owen et d'autres, ont décrit la lutte entre le prolétariat et la bourgeoisie (voir section 1)**
Saint-Simon, Fourier, Owen in drugi so opisali boj med proletariatom in buržoazijo (glej 1. poglavje)
**Les fondateurs de ces systèmes voient, en effet, les antagonismes de classe**
Ustanovitelji teh sistemov dejansko vidijo razredne antagonizme
**Ils voient aussi l'action des éléments en décomposition, dans la forme dominante de la société**
vidijo tudi delovanje razpadajočih elementov v prevladujoči obliki družbe
**Mais le prolétariat, encore à ses débuts, leur offre le spectacle d'une classe sans aucune initiative historique**
Toda proletariat, ki je še v povojih, jim ponuja spektakel razreda brez kakršne koli zgodovinske pobude
**Ils voient le spectacle d'une classe sociale sans aucun mouvement politique indépendant**
vidijo spektakel družbenega razreda brez kakršnega koli neodvisnega političnega gibanja
**Le développement de l'antagonisme de classe va de pair avec le développement de l'industrie**
Razvoj razrednega antagonizma je v koraku z razvojem industrije
**La situation économique ne leur offre donc pas encore les conditions matérielles de l'émancipation du prolétariat**
tako jim gospodarske razmere še ne ponujajo materialnih pogojev za osvoboditev proletariata

**Ils cherchent donc une nouvelle science sociale, de nouvelles lois sociales, qui doivent créer ces conditions**

Zato iščejo novo družboslovje, nove družbene zakone, ki naj bi ustvarili te pogoje

**l'action historique, c'est céder à leur action inventive personnelle**

zgodovinsko dejanje je popustiti svojemu osebnemu inventivnemu delovanju

**Les conditions d'émancipation créées historiquement doivent céder la place à des conditions fantastiques**

zgodovinsko ustvarjeni pogoji emancipacije naj bi se vdali fantastičnim pogojem

**et l'organisation de classe graduelle et spontanée du prolétariat doit céder la place à l'organisation de la société**

in postopna, spontana razredna organizacija proletariata se mora vdati organizaciji družbe

**l'organisation de la société spécialement conçue par ces inventeurs**

organizacijo družbe, ki so jo posebej ustvarili ti izumitelji

**L'histoire future se résout, à leurs yeux, dans la propagande et l'exécution pratique de leurs projets sociaux**

Prihodnja zgodovina se v njihovih očeh razreši v propagandi in praktičnem izvajanju njihovih družbenih načrtov

**Dans l'élaboration de leurs plans, ils ont conscience de s'occuper avant tout des intérêts de la classe ouvrière**

Pri oblikovanju svojih načrtov se zavedajo, da skrbijo predvsem za interese delavskega razreda

**Ce n'est que du point de vue d'être la classe la plus souffrante que le prolétariat existe pour eux**

Samo z vidika najbolj trpečega razreda proletariat obstaja zanje

**L'état sous-développé de la lutte des classes et leur propre environnement informent leurs opinions**

Nerazvito stanje razrednega boja in njihova lastna okolica oblikujeta njihova mnenja

**Les socialistes de ce genre se considèrent comme bien supérieurs à tous les antagonismes de classe**

Socialisti te vrste se imajo za veliko boljše od vseh razrednih nasprotij

**Ils veulent améliorer la condition de tous les membres de la société, même celle des plus favorisés**

Želijo izboljšati položaj vsakega člana družbe, tudi tistega najbolj privilegiranega

**Par conséquent, ils s'adressent habituellement à la société dans son ensemble, sans distinction de classe**

Zato običajno nagovarjajo družbo na splošno, brez razlikovanja razreda

**Bien plus, ils font appel à la société dans son ensemble de préférence à la classe dirigeante**

ne, nagovarjajo družbo na splošno z dajanjem prednosti vladajočemu razredu

**Pour eux, tout ce qu'il faut, c'est que les autres comprennent leur système**

Za njih je vse, kar potrebuje, da drugi razumejo njihov sistem

**Car comment les gens peuvent-ils ne pas voir que le meilleur plan possible est le meilleur état possible de la société ?**

Kajti kako lahko ljudje ne vidijo, da je najboljši možni načrt za najboljše možno stanje družbe?

**C'est pourquoi ils rejettent toute action politique, et surtout toute action révolutionnaire**

Zato zavračajo vsa politična in še posebej vsa revolucionarna dejanja

**ils veulent arriver à leurs fins par des moyens pacifiques**

svoje cilje želijo doseči z miroljubnimi sredstvi

**ils s'efforcent, par de petites expériences, qui sont nécessairement vouées à l'échec**

prizadevajo si z majhnimi poskusi, ki so nujno obsojeni na neuspeh

**et par la force de l'exemple, ils essaient d'ouvrir la voie au nouvel Évangile social**

in z zgledom poskušajo tlakovati pot novemu družbenemu evangeliju

**De tels tableaux fantastiques de la société future, peints à une époque où le prolétariat est encore dans un état très sous-développé**

Takšne fantastične slike prihodnje družbe, naslikane v času, ko je proletariat še vedno v zelo nerazvitem stanju

**et il n'a encore qu'une conception fantasmatique de sa propre position**

in še vedno ima le fantastično predstavo o svojem položaju

**Mais leurs premières aspirations instinctives correspondent aux aspirations du prolétariat**

toda njihova prva instinktivna hrepenenja ustrezajo hrepenenju proletariata

**L'un et l'autre aspirent à une reconstruction générale de la société**

oba hrepenita po splošni obnovi družbe

**Mais ces publications socialistes et communistes contiennent aussi un élément critique**

Toda te socialistične in komunistične publikacije vsebujejo tudi kritični element

**Ils s'attaquent à tous les principes de la société existante**

Napadajo vsa načela obstoječe družbe

**C'est pourquoi ils sont remplis des matériaux les plus précieux pour l'illumination de la classe ouvrière**

Zato so polni najdragocenejših materialov za razsvetljenje delavskega razreda

**Ils proposent l'abolition de la distinction entre la ville et la campagne, et la famille**

predlagajo odpravo razlike med mestom in podeželjem ter družino

**la suppression de l'exercice de l'industrie pour le compte des particuliers**

odprava opravljanja dejavnosti za račun posameznikov

**et l'abolition du salariat et la proclamation de l'harmonie sociale**

in odprava plačnega sistema in razglasitev družbene harmonije

**la transformation des fonctions de l'État en une simple surveillance de la production**

preoblikovanje funkcij države v zgolj nadzor nad proizvodnjo

**Toutes ces propositions ne pointent que vers la disparition des antagonismes de classe**

Vsi ti predlogi kažejo izključno na izginotje razrednih antagonizmov

**Les antagonismes de classe ne faisaient alors que surgir**

razredni antagonizmi so se takrat šele pojavljali

**Dans ces publications, ces antagonismes de classe ne sont reconnus que dans leurs formes les plus anciennes, indistinctes et indéfinies**

V teh publikacijah so ti razredni antagonizmi prepoznani le v svojih najzgodnejših, nejasnih in neopredeljenih oblikah

**Ces propositions ont donc un caractère purement utopique**

Ti predlogi so torej povsem utopičnega značaja

**La signification du socialisme et du communisme critiques-utopiques est en relation inverse avec le développement historique**

Pomen kritično-utopičnega socializma in komunizma je v obratnem razmerju z zgodovinskim razvojem

**La lutte de classe moderne se développera et continuera à prendre une forme définitive**

Sodobni razredni boj se bo razvijal in še naprej dobival dokončno obliko

**Cette réputation fantastique du concours perdra toute valeur pratique**

Ta fantastična uvrstitev na tekmovanju bo izgubila vso praktično vrednost

**Ces attaques fantastiques contre les antagonismes de classe perdront toute justification théorique**

Ti fantastični napadi na razredne antagonizme bodo izgubili vso teoretično utemeljitev

**Les initiateurs de ces systèmes étaient, à bien des égards, révolutionnaires**
Začetniki teh sistemov so bili v mnogih pogledih revolucionarni
**Mais leurs disciples n'ont, dans tous les cas, formé que des sectes réactionnaires**
toda njihovi učenci so v vsakem primeru oblikovali zgolj reakcionarne sekte
**Ils s'en tiennent fermement aux vues originales de leurs maîtres**
Trdno se držijo prvotnih pogledov svojih gospodarjev
**Mais ces vues s'opposent au développement historique progressif du prolétariat**
Toda ti pogledi so v nasprotju s progresivnim zgodovinskim razvojem proletariata
**Ils s'efforcent donc, et cela constamment, d'étouffer la lutte des classes**
Zato si prizadevajo, in to dosledno, umrtviti razredni boj
**et ils s'efforcent constamment de concilier les antagonismes de classe**
in dosledno si prizadevajo za uskladitev razrednih nasprotij
**Ils rêvent encore de la réalisation expérimentale de leurs utopies sociales**
Še vedno sanjajo o eksperimentalni realizaciji svojih družbenih utopij
**ils rêvent encore de fonder des « phalanstères » isolés et d'établir des « colonies d'origine »**
še vedno sanjajo o ustanovitvi izoliranih »falansterjev« in ustanavljanju »domačih kolonij«
**ils rêvent de mettre en place une « Petite Icarie » – éditions duodecimo de la Nouvelle Jérusalem**
sanjajo o ustanovitvi "Male Ikarije" – duodecimo izdaje Novega Jeruzalema
**Et ils rêvent de réaliser tous ces châteaux dans les airs**
in sanjajo, da bi uresničili vse te gradove v zraku

**Ils sont obligés de faire appel aux sentiments et aux bourses des bourgeois**
prisiljeni so se sklicevati na občutke in denarnice buržoazije
**Peu à peu, ils s'enfoncent dans la catégorie des socialistes conservateurs réactionnaires décrits ci-dessus**
Postopoma se potopijo v kategorijo reakcionarnih konservativnih socialistov, ki so opisani zgoraj
**ils ne diffèrent de ceux-ci que par une pédanterie plus systématique**
Od teh se razlikujejo le po bolj sistematičnem pedantizmu
**et ils diffèrent par leur croyance fanatique et superstitieuse aux effets miraculeux de leur science sociale**
in razlikujejo se po fanatični in vraževerni veri v čudežne učinke njihove družbene znanosti
**Ils s'opposent donc violemment à toute action politique de la part de la classe ouvrière**
Zato nasilno nasprotujejo vsakršnemu političnemu delovanju delavskega razreda
**une telle action, selon eux, ne peut résulter que d'une incrédulité aveugle dans le nouvel Évangile**
takšno dejanje je po njihovem mnenju lahko le posledica slepe nevere v novi evangelij
**Les owénistes en Angleterre et les fouriéristes en France s'opposent respectivement aux chartistes et aux réformistes**
Oweniti v Angliji in fourieristi v Franciji nasprotujejo chartistom in »réformistes«

## Position des communistes par rapport aux divers partis d'opposition existants
Stališče komunistov do različnih obstoječih nasprotnih strank

**La section II a mis en évidence les relations des communistes avec les partis ouvriers existants**
Oddelek II je razjasnil odnos komunistov do obstoječih delavskih strank
**comme les chartistes en Angleterre et les réformateurs agraires en Amérique**
kot so chartisti v Angliji in agrarni reformatorji v Ameriki
**Les communistes luttent pour la réalisation des objectifs immédiats**
Komunisti se borijo za doseganje neposrednih ciljev
**Ils luttent pour l'application des intérêts momentanés de la classe ouvrière**
Borijo se za uveljavljanje trenutnih interesov delavskega razreda
**Mais dans le mouvement politique d'aujourd'hui, ils représentent et s'occupent aussi de l'avenir de ce mouvement**
Toda v političnem gibanju sedanjosti predstavljajo in skrbijo tudi za prihodnost tega gibanja
**En France, les communistes s'allient avec les social-démocrates**
V Franciji se komunisti povezujejo s socialdemokrati
**et ils se positionnent contre la bourgeoisie conservatrice et radicale**
in se postavljajo proti konservativni in radikalni buržoaziji
**cependant, ils se réservent le droit d'adopter une position critique à l'égard des phrases et des illusions traditionnellement héritées de la grande Révolution**
vendar si pridržujejo pravico, da zavzamejo kritično stališče v zvezi s frazami in iluzijami, ki so se tradicionalno prenašale iz velike revolucije

**En Suisse, ils soutiennent les radicaux, sans perdre de vue que ce parti est composé d'éléments antagonistes**
V Švici podpirajo radikalce, ne da bi pri tem pozabili na dejstvo, da je ta stranka sestavljena iz antagonističnih elementov
**en partie des socialistes démocrates, au sens français du terme, en partie de la bourgeoisie radicale**
deloma demokratičnih socialistov v francoskem smislu, deloma radikalne buržoazije
**En Pologne, ils soutiennent le parti qui insiste sur la révolution agraire comme condition première de l'émancipation nationale**
Na Poljskem podpirajo stranko, ki vztraja pri agrarni revoluciji kot glavnem pogoju za nacionalno emancipacijo
**ce parti qui fomenta l'insurrection de Cracovie en 1846**
tisti stranki, ki je leta 1846 spodbudila vstajo v Krakovu
**En Allemagne, ils luttent avec la bourgeoisie chaque fois qu'elle agit de manière révolutionnaire**
V Nemčiji se borijo z buržoazijo, kadar ta deluje na revolucionaren način
**contre la monarchie absolue, l'escroc féodal et la petite bourgeoisie**
proti absolutni monarhiji, fevdalni veverici in drobni buržoaziji
**Mais ils ne cessent jamais, un seul instant, inculquer à la classe ouvrière une idée particulière**
Vendar nikoli ne prenehajo, niti za trenutek, vcepiti delavskemu razredu eno posebno idejo
**la reconnaissance la plus claire possible de l'antagonisme hostile entre la bourgeoisie et le prolétariat**
najjasnejše možno priznanje sovražnega antagonizma med buržoazijo in proletariatom
**afin que les ouvriers allemands puissent immédiatement utiliser les armes dont ils disposent**
tako da lahko nemški delavci takoj uporabijo orožje, ki jim je na voljo

les conditions sociales et politiques que la bourgeoisie doit
nécessairement introduire en même temps que sa
suprématie
družbene in politične razmere, ki jih mora buržoazija nujno
uvesti skupaj s svojo prevlado
la chute des classes réactionnaires en Allemagne est
inévitable
padec reakcionarnih razredov v Nemčiji je neizogiben
et alors la lutte contre la bourgeoisie elle-même peut
commencer immédiatement
in takrat se lahko takoj začne boj proti sami buržoaziji
Les communistes tournent leur attention principalement
vers l'Allemagne, parce que ce pays est à la veille d'une
révolution bourgeoise
Komunisti usmerjajo svojo pozornost predvsem na Nemčijo,
ker je ta država na predvečer buržoazne revolucije
une révolution qui ne manquera pas de s'accomplir dans des
conditions plus avancées de la civilisation européenne
revolucija, ki se bo zagotovo izvedla v naprednejših pogojih
evropske civilizacije
Et elle ne manquera pas de se faire avec un prolétariat
beaucoup plus développé
in zagotovo se bo izvajala z veliko bolj razvitim proletariatom
un prolétariat plus avancé que celui de l'Angleterre au XVIIe
siècle, et celui de la France au XVIIIe siècle
proletariat, ki je bil naprednejši od angleškega v sedemnajstem
stoletju, in Francije v osemnajstem stoletju
et parce que la révolution bourgeoise en Allemagne ne sera
que le prélude d'une révolution prolétarienne qui suivra
immédiatement
in ker bo buržoazna revolucija v Nemčiji le uvod v proletarsko
revolucijo, ki bo takoj sledila
Bref, partout les communistes soutiennent tout mouvement
révolutionnaire contre l'ordre social et politique existant

Skratka, komunisti povsod podpirajo vsako revolucionarno gibanje proti obstoječemu družbenemu in političnemu redu stvari

**Dans tous ces mouvements, ils mettent au premier plan, comme la question maîtresse de chacun d'eux, la question de la propriété**

V vseh teh gibanjih prinašajo v ospredje, kot vodilno vprašanje v vsakem od njih, vprašanje lastnine

**quel que soit son degré de développement dans ce pays à ce moment-là**

ne glede na stopnjo razvoja v tej državi v tistem času

**Enfin, ils œuvrent partout pour l'union et l'accord des partis démocratiques de tous les pays**

Končno si povsod prizadevajo za združitev in soglasje demokratičnih strank vseh držav

**Les communistes dédaignent de dissimuler leurs vues et leurs objectifs**

Komunisti prezirajo prikrivanje svojih pogledov in ciljev

**Ils déclarent ouvertement que leurs fins ne peuvent être atteintes que par le renversement par la force de toutes les conditions sociales existantes**

Odkrito izjavljajo, da je njihove cilje mogoče doseči le s prisilnim strmoglavljenjem vseh obstoječih družbenih razmer

**Que les classes dirigeantes tremblent devant une révolution communiste**

Naj vladajoči razredi tresejo pred komunistično revolucijo

**Les prolétaires n'ont rien d'autre à perdre que leurs chaînes**

Proletarci nimajo ničesar izgubiti, razen svojih verig

**Ils ont un monde à gagner**

Imajo svet za zmago

**TRAVAILLEURS DE TOUS LES PAYS, UNISSEZ-VOUS !**

DELAVCI VSEH DEŽEL, ZDRUŽITE SE!

www.ingramcontent.com/pod-product-compliance
Lightning Source LLC
Chambersburg PA
CBHW011742020426
42333CB00024B/2992